ENRIQUE BARRIOS

EL MARAVILLOSO UNIVERSO DE LA MAGIA

Tapa: Cuadro de Alfredo von Marttens
© Enrique Barrios, 1990
Derechos exclusivos de edición en castellano
reservados para todo el mundo:
© 1990 Editorial ERREPAR S.A.

Editado y distribuido por ERREPAR S.A.
Avda. San Juan 960 - (1147) Buenos Aires
República Argentina
Tel.: 300-5142 - 307-9394 - Fax: (541) 304-8951 - (541) 304-9541

ISBN 950-739-037-9

Queda hecho el depósito que marca la ley 11723

Impreso y hecho en Argentina
Printed in Argentina

Esta edición de 10 000 ejemplares
se terminó de imprimir en los talleres de Errepar
en Buenos Aires, República Argentina
en el mes de mayo de 1995

Prólogo

El pensamiento racional tiene gran utilidad para la vida práctica, pero impide el acceso a formas de conciencia más elevadas y a experiencias que nos conectan con lo Absoluto. Esto fue descubierto tempranamente por los orientales y les hizo desarrollar métodos destinados a superarlo como medio de aprehensión del Conocimiento.

El intelecto sólo puede remitirse al análisis de la superficie de las cosas y entregar una visión fragmentada: "Un beso es el contacto mecánico de cuatro labios, con intercambio de saliva y otras materias bucales"...

Para captar el sentido profundo, el alma de las cosas, su dimensión oculta y trascendente, es necesario recurrir a la visión intuitiva no contaminada por la experiencia previa, desligada de los datos archivados en el cerebro.

La mirada profunda debe ser nueva, inocente, pero el intelecto se apodera de lo observado y tiende a clasificarlo, a compararlo y a ordenarlo según sus datos acumulados y según su lógica, descartándole aquello que excede sus dominios cognoscitivos. Así, lo nuevo se hace viejo, lo puro se contamina y lo profundo se vuelve superficial.

El budismo Zen es un milenario sistema destinado a

producir un quiebre en el intelecto, una brecha que permita el ingreso de lo nuevo, sin que el pensamiento lógico se apodere de él y lo contamine, lo cercene y lo remita al área trivial de lo cotidiano.

El método Zen tiene varias herramientas para producir esa fractura en la mente habitual. Una de ellas es el koan. Consiste en una propuesta irracional que le es entregada al discípulo para que su intelecto trabaje con ella. Como la propuesta es irracional (ej.: ¿cómo suena el batir de una sola palma de la mano?...) el intelecto comienza a desestabilizarse, enfrentado a un trabajo para el que no está concebido.

En este libro se trata de desestabilizar la mente lógica del lector, proponiéndole casi juguetonamente otra forma de mirar la existencia, enfocada desde un nivel de conciencia más elevado.

No aspiro a que este sistema produzca el resultado del paso por un Monasterio Zen, pero es bueno flexibilizar la mente y sacudirse algunas ideas oxidadas, porque nos oxidan y nos cercenan las alas del espíritu.

Tres objetivos persigue esta obra. Primero, desplazar el punto focal de la conciencia de sí del lector hacia un nivel más elevado, más próximo a la Divinidad.

Segundo, liberarle de las limitaciones que su mente occidental le ha puesto. Para ello se le propone manejarse con una especie de "koan" irracional: "la realidad que vives es la que imaginas".

Tercero y principal, que, consciente de su Divinidad y liberado de condicionamientos paralizantes, pueda tener un acceso mayor a la realización de sus anhelos, para lo

*cual deberá entregar su ayuda a su mundo objetivo
(nuestro planeta) y contribuir en su perfeccionamiento.*

*Esto hace necesario que deje de prestar su mente para la
creación del "fin del mundo" en el que tanta gente anda
involucrada, colaborando en su posibilidad de realización
con el sólo hecho de pensar y creer en él; no olvidemos
que el temor a la depresión económica de los años treinta
fue el factor decisivo que la causó.*

Bueno, si tienes ganas de activar ciertas neuronas que no has utilizado jamás, ven, te invito a transitar por mágicas dimensiones de la mente.

Para ingresar a ese universo hay que recibir instrucciones secretas, porque te van a dar Poderes y Conocimientos Ocultos. Es por eso que vamos a intentar ingresar a un Templo, de esos en los que hay Pruebas, Iniciaciones y Ceremonias; un Templo Secreto. Pero te advierto que si no estás preparado para actuar decentemente en la vida, es mucho mejor para ti que no ingreses al Templo, por favor, por tu bien, créeme.

Sucede que allí vas a recibir mucha Luz, la cual es buena para ciertas criaturas, pero mala para otras, los murciélagos, por ejemplo, y si tu estructura mental funciona bien con ciertos "murciélagos" en ella, luego de tu paso por el Templo esos pobres animalitos internos tuyos van a quedar bastante a mal traer...

Y tú también, por supuesto.

A menos que decidas adoptar una estructura mental nueva, *sin "murciélagos"*, lo cual no es fácil, pero se puede, pero no es fácil, pero se puede...

Bueno, seré sincero contigo. Te confesaré que si escribo estas cosas un poco en broma lo hago para suavizar un asunto que es *terriblemente serio*.

Ya cumplí, estás advertido. *De ahora en adelante la responsabilidad es sólo tuya.*

E. B.

Portal del Templo

Permíteme presentarme, hermana o hermano que has logrado llegar hasta aquí. Yo soy el Guía que te conducirá por las puertas y pasadizos secretos de este gran Templo que ves ante ti, aunque ni él ni yo estamos en el plano material.

Pero la parte tuya que ha llegado hasta aquí y que intentará ingresar al Templo, tampoco es material, así que tendrás que usar tu Imaginación.

Hay una parte en ti que viene buscando el Conocimiento a través de innumerables existencias. Esa parte no es material, sino etérica, igual que yo y este Templo.

Nosotros existimos más allá del tiempo; es por eso que no importa en qué momento leas estas líneas.

Aquí te estábamos esperando...

Y si te retiras, continuaremos esperándote.

Sabe que si no ingresas ahora, no importa; *algún día lo harás.*

El alma busca el Conocimiento. Ese es uno de los impulsos más poderosos de la existencia, no se puede detener.

Pero comprende también que si se te entrega Conocimiento se te pedirá RESPONSABILIDAD a cambio.

Y que a mayor Conocimiento, mayor Responsabilidad.

Y mayor dolor si utilizas indebidamente lo que se te entrega.

Con una honda puedes romper un vidrio, pero con una ametralladora...

Si estás dispuesto a recibir el Conocimiento que te permitirá realizar tus sueños y si te comprometes a no utilizarlo mal, entonces, toma, recibe este par de Guantes Blancos.

Eso es algo que usan sólo los Caballeros y las Damas; las Personas Decentes.

Es un símbolo de *manos limpias*. Lo que vamos a tocar es algo muy elevado, sagrado. No podemos ingresar aquí con manos sucias.

Bien, vamos a llamar al Portal del Templo. Veremos si te admiten.

¡TOC, TOC, TOC!

¡QUIEN LLAMA!

—¡El Guía de este Templo se encuentra en el Portal!

¡A QUIEN TRAEIS CON VOS!

—¡A un alma profana que busca la Luz del Conocimiento!

¡Y POR QUE PIENSA QUE AQUI ESTAREMOS DISPUESTOS A ADMITIRLE!

(Dile qué buenas razones tienes para pensar que mereces ingresar.)

(Analiza bien tu respuesta, porque ella será conocida en los Planos Superiores. Muestra las razones que tienes para pensar que mereces recibir Conocimiento Secreto. No vuelvas la hoja antes de hacerlo.)

¡ABRID LAS PUERTAS, HERMANOS. DEJAD PASAR
AL INTERIOR DEL TEMPLO A ESA ALMA
PROFANA, PERO SOLO HASTA EL PRIMER
UMBRAL!

Bravo, los convenciste. Vamos, lograste abrir el Portal.

Camina derecho, sin mirar hacia los lados. Te guiaré por
estos oscuros pasillos que tan poco transitados están...

Tomaré esta antorcha para guiarte.

Esa que está adelante es la puerta del Primer Umbral. En
su interior se encuentra un Venerable Maestro que te dará
alguna Enseñanza.

¿Ves esa inscripción en el muro de piedra, sobre la antigua
puerta de gruesas maderas que se encuentra cerrada?

Alzaré mi antorcha para que puedas leer bien.

Observa.

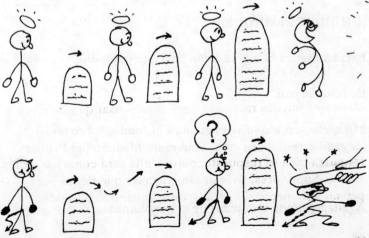

¿Leíste?

Ah, no comprendes esa escritura. Claro, es un antiguo lenguaje que proviene de los Templos de la Atlántida. Solamente los Hierofantes, los Sumos Sacerdotes, tienen la clave para interpretarlo...

Pero más abajo tienes la traducción en tu idioma:

"SI EL APRENDIZ ES HONESTO DESDE EL PRINCIPIO, RECIBIRA LOS MAS GRANDES SECRETOS".

"PERO SI SE ADELANTA INDEBIDAMENTE EN SUS LECCIONES, NO COMPRENDERA NADA Y RECIBIRA UNA DESAGRADABLE E INGRATA SORPRESA"...

Eso quiere decir que *no hurgues indebidamente este libro*.

¿Eres una Persona Decente? Magnífico. De otro modo no podrías estar en un Templo como éste, que es sólo para Damas y Caballeros.

¡CHIIIIIRRRRRRIIIIIiiiii!

Estas antiguas bisagras están bastante oxidadas.

Es falta de uso...

Mira, ese señor que se encuentra al fondo, sobre aquel elevado estrado, ese es el Venerable Maestro del Primer Umbral.

Avanza y ponte en medio de esas columnas.

14

Salúdalo con una venia, señal de respeto, de que comprendes
que te encuentras ante alguien superior.

Así actúan las Personas Decentes.

Escucha ahora con mucha atención.

Primer Umbral

Se te entregará Enseñanza *para la evolución de tu conciencia.*

Las verdades son formas de Energía.

Tú eres otra forma de Energía.

Cuando estamos capacitados para recibir una Verdad más elevada, una Energía superior, *el solo hecho de leerla o escucharla activa zonas de la mente que estaban bloqueadas.*

Aquí se te entregarán Verdades que serán aportes de Energía capaces de elevar tu conciencia hasta una nueva comprensión de lo que eres y de lo que puedes y debes lograr en tu vida.

Estás por ingresar a una Escuela de Magia Práctica que funciona en un Templo Etérico, pero real, como después comprobarás.

El primer requisito para ingresar a esta Escuela consiste en haber *vivenciado* internamente que por sobre el Amor, nada existe.

17

Si no has *comprendido* eso con todo tu ser, si la Ley Universal del Amor no es tu Realidad Suprema, entonces no has abierto siquiera el Portal de este Templo y no estás realmente dentro de él en los Planos Etéricos.

Si el Portal no está abierto, entonces leerás estas páginas sin lograr activar ciertas zonas de tu mente, de donde nacen las Fuerzas Mágicas.

Si esas zonas de tu mente no están activas, no puedes practicar este tipo de Magia: la Magia Blanca.

Este Templo está regido por el Dios Amor, por lo tanto, está reservado sólo a quienes hacen de El su único Dios.

Si no le has reconocido como tu Señor dentro de ti, El no activará tus Poderes, no todavía.

Aprende primero un poco más acerca del Amor.

En caso contrario, puedes continuar avanzando en este Templo, hermana o hermano Aprendiz.

Pasillo hacia los Siete Claustros

Impresionante el Maestro, ¿verdad?

Espera llegar a los demás...

¿No sabías que las verdades son Energías?

Todavía no sabes nada, pero con lo poco que escuchaste, ya tu Ser Interno cambió algo; ya no eres la misma persona que ingresó aquí.

Has de saber que puedes retirarte en cualquier momento y que no te sucederá nada; nadie te amarra a este Templo... todavía...

Si quieres continuar, te informo que vas a pasar por siete Claustros con un mismo Venerable Maestro.

Se llaman Claustros porque no debes abandonar cada uno de ellos sin haber *asimilado* lo que se te informa.

Los buenos Aprendices toman años en llegar al final de este libro.

Los malos, en unas pocas horas *creen* haberlo leído...

Bien, llegamos a la puerta del Primer Claustro, nos veremos al final de todos ellos. Ojalá, dentro de mucho tiempo...

¡CHIIIIIRRRRRIIIIIiiiii!

Nuevamente ponte entre columnas y saluda al Maestro.

Escucha en silencio y respeto.

Te dejo.

¡iiiiiIIIIIRRRRRIIIIIHC! ¡PLAM!

Primer Claustro

Lo que tú quieres, lo que te gustaría alcanzar, aquello con lo que tu alma sueña, eso es un anhelo que viene de Dios.

Ese deseo tuyo es un "susurro de Dios", es lo que El quiere lograr *a través de ti*, por eso, es un Mandato Divino, es algo sagrado.

Pero no se nos "susurra" un deseo sin darnos también la capacidad de realizarlo.

No es por casualidad que ha llegado a ti este libro. *Se ha puesto en tus manos para ayudarte a realizar tus sueños*.

Porque Dios te ama mucho más de lo que tú puedes imaginar.

"Pide y se te dará".

De eso tratará esta Enseñanza.

El problema es que *lo que tú pides no es tan grande como lo que "de arriba" quieren regalarte.*

Tal vez te parezca terrible aceptar que estén dispuestos a darte algo tan grande: *lo que seas capaz de imaginar*...

El Amor que estamos dispuestos a entregar suele ser el mismo que esperamos recibir.

Siempre nos faltará grandeza interior para esperar recibir lo que Dios *realmente* quiere regalarnos.

Hay toda una barrera de "imposible", "no puede ser" y, sobre todo, *una fuerte tendencia a creer que el sufrimiento, la necesidad, la miseria y la enfermedad son algo "bueno" a los ojos de Dios.*

Siempre estamos dispuestos a esperar de El que nos mate en un accidente, que nos arroje a la miseria y a la desgracia.

Así es nuestra idea del Dios Amor...

Nuestra idea de Dios es un reflejo de nuestra propia bondad o maldad interior.

Por eso, solemos considerar un verdadero "pecado" soñar con el éxito, la felicidad, la *riqueza* (¡qué barbaridad; eso no!), la salud, el más hermoso amor y la longevidad hasta donde se nos ocurra...

Dios nos dice "pide, hijo amado". Nosotros respondemos "no me mates, no lances desgracias a mis seres queridos, no me despojes de lo que tengo"...

Nuestra idea de Dios nos hace verlo como una especie de *"Gran Tirano del Universo".*

Como tal, nos dirigimos a El; según eso, recibimos.

Estamos preparados para el fracaso y el sufrimiento, pero *no estamos preparados para el éxito y la dicha*.

Tenemos una "programación mental" que nos hace pensar que toda persona de éxito es "sospechosa".

No sabemos muy bien por qué, pero todo aquel que tenga, por ejemplo, una piscina en su casa, según nuestras ideas, "no tiene las cuentas muy claras con Dios"...

Naturalmente, porque pensamos que Dios es el "Gran Tirano" que se complacería al vernos viviendo entre ratas y delincuentes...

Es cierto que no todos aquellos que tienen fortuna la poseen gracias a haber actuado acordes con la Ley Universal del Amor.

Porque hay dos tipos de riqueza.

La que es fruto de la violación a la Ley del Amor y la que es fruto del Amor.

La que nace de hacer el bien y la que nace de hacer daño.

La que proviene de hacer el bien es un SALARIO JUSTO.

La otra es un acto de PIRATERIA que *jamás queda impune*.

Cada centavo obtenido indebidamente *tiene que ser pagado*.

Cada sufrimiento causado *tiene que ser saldado*.

Sea en sufrimiento, sea en efectivo.

Si robas y dañas a tus hermanos, tu Dios no puede ser el Amor.

No es para ti esta Enseñanza ni la Magia Blanca, todavía no.

A este Templo sólo pueden ingresar *Personas Decentes*.

Aquí se trabaja por el Bien; esto es un Camino para *Caballeros y Damas*, o para quienes estén dispuestos a serlo.

El salario del pirata es el *sufrimiento*, el *fracaso*, la *humillación*, la *vergüenza* y, al final, el *arrepentimiento*, nacido del cansancio de sufrir.

Aquí se enseña el Camino hacia la Felicidad, pero el pirata NO PUEDE SER FELIZ.

Porque la Felicidad es otorgada por el Dios Amor.

Y ningún padre premia a un hijo por dañar a otros hijos suyos.

Cuando dejes de lado tus ganzúas y puñales, cuando saldes tus cuentas pendientes, sólo entonces podrás ingresar a un Santuario como éste.

Este libro es para ti, que eres una Persona Decente.

A ti, que ningún daño haces, el Amor te reserva una grata sorpresa.

Tú, que sin ser una santa o un santo, con tus defectos normales, tus malos momentos; si no te dedicas a hacer daño, eres una persona buena.

Como eres una persona buena, ya mereces recibir lo que has ganado.

Te has ganado el derecho a estar entre nosotros: la Semilla Sana de la humanidad.

Aquí se te enseñará cómo realizar tus sueños sin usar ganzúas ni puñales.

Como no somos piratas, vamos a aprender a recibir nuestro Salario Justo.

El problema es que tenemos tantos obstáculos en la mente...

El Salario Justo del buen hijo de Dios tiene que ser algo DE GRAN EXITO, pero nos cuesta aceptarlo, porque nuestra "programación mental" nos hace *temer al éxito*.

La vida o nuestros pasados errores nos han "programado" para pensar que es bueno el sufrimiento y pecaminoso el éxito.

Comienza a "reprogramarte" aceptando que Dios desea tu dicha y quiere que realices esos hermosos sueños que casi no te atreves a soñar.

Comprende que Dios no desea tu sufrimiento, sino tu felicidad.

Tal vez, tu temor a la felicidad provenga del ejemplo del Maestro que padeció en la cruz.

Pero recuerda que *él ya no está allí*. Fueron sólo tres días.

Además, padeció para que tú no tuvieras que hacerlo.

Sin embargo, ¿cuántos años has estado tú "en la cruz"?

¿Piensas que Dios desea para siempre tu sufrimiento?

Así no es el Amor.

Con esa idea no podrías asimilar estas Enseñanzas.

Si ese es tu caso, vuelve atrás; aprende primero un poco más acerca de la Naturaleza del Amor.

Te han entregado otros libros que fueron preparación para este Nuevo Camino. Comienza por allí.

Si piensas que satisfaces a tu Padre diciéndote "no, no y no" a todas las cosas hermosas de la vida, no has comprendido entonces que tu Padre y Madre es el Dios Amor.

El desea que tú seas feliz, *pero tú mismo te has convertido en tu propio "Gran Tirano"*; aunque creas que El es quien te hace padecer.

Estas páginas no deben ser leídas como una novela. Debes dejar que la Luz envuelta en las palabras penetre en ti, antes de pasar a la frase siguiente.

Y no abandones el Primer Claustro mientras no hayas aceptado que Dios desea tu felicidad.

Segundo Claustro

Dios no está fuera de ti, sino dentro de ti.

No está "allá arriba", sino "aquí adentro".

El está en la raíz de tus pensamientos, de tus sentimientos, de tus anhelos y deseos más puros y hermosos.

Cuando amas, es Dios quien ama en ti.

Cuando estás en Amor, estás impregnado de Dios, porque el Amor es Dios.

Ten siempre presente que *el Amor es un Espíritu Viviente*.

Mientras creas que Dios está fuera de ti, nada tienes que hacer en los Caminos de la Magia Blanca.

El ser humano está destinado a encontrarse con Dios.

Eso quiere decir que debe alcanzar un nivel de conciencia en el cual se da cuenta que no hay separación entre Dios y él.

Debe alcanzar su Conciencia Divina.

Eso es encontrarse con Dios, quien siempre estuvo adentro, no afuera.

El universo no tiene tres dimensiones, sino muchas más, pero nuestra conciencia nos permite percibir sólo tres.

Si nuestra conciencia subiera de nivel, percibiríamos otras dimensiones.

A la capacidad de percibir sólo tres dimensiones le llamaremos *tercera dimensión de conciencia*.

Esta Enseñanza está destinada a hacerte alcanzar la *cuarta dimensión de conciencia*.

Allí se opera la Magia Consciente.

En la tercera dimensión de conciencia se ponen nombres para identificar a los seres y se llega a confundir *el nombre con el ser real*.

En la cuarta dimensión de conciencia los seres se identifican *por la clase de ENERGIA que irradian*.

Acostúmbrate a identificar la clase de Energía o Vibración que provoca esta Escuela en ti. Eso es más importante que cualquier nombre.

En la Magia Práctica, lo que estamos comenzando a estudiar, se trabaja con poca filosofía y con muchas ENERGIAS.

En la tercera dimensión de conciencia los seres parecen estar separados.

En la cuarta dimensión de conciencia se descubre que todos los seres son una forma de manifestación o expresión del Gran Ser: Dios.

"Dios está en ti" significa que tú eres una de las formas de expresión que tiene Dios.

La Magia Blanca es obra de Dios a través de ti.

En la Magia Blanca se trata de sintonizar tu conciencia con la de Dios y dejar que El actúe, siendo tú su canal de expresión.

Por eso, mientras pienses que Dios está fuera de ti, no podrás operar el maravilloso Arte de la Magia.

Y mientras pienses que Dios es algo diferente del Amor, tampoco.

Porque la Magia Blanca es la obra del Amor.

Por eso, antes se te habló del Amor como la Ley Fundamental del Universo.

También se te dijo que el Amor es un Espíritu, un Ser: Dios.

Ahora tenemos nuevas lecciones para ti.

Mi trabajo será intentar descondicionar tu mente para que se abra a la aceptación de esas nuevas lecciones.

Así podrás activar las Energías Mágicas de tu ser.

Porque *la Magia es el fruto de cierta disposición mental...*

Debo ir modificando tus esquemas mentales, porque las cosas no son como tú has venido creyendo durante años, son mucho más hermosas.

Tu mente está acostumbrada a transitar caminos conocidos. Todo ello es *condicionamiento*; tu sentido de "la realidad" es sólo un condicionamiento.

El sentido de "la realidad" en la tercera dimensión de conciencia equivale realmente *a la más atroz ignorancia, a la hipnosis más negativa y al sueño más profundo*.

Cuando arribamos a la cuarta dimensión de conciencia *podemos ir forjando conscientemente nuestro destino, de acuerdo a nuestros deseos y anhelos más íntimos*.

Allí sabemos realmente quiénes somos y hacia dónde queremos ir.

Y tenemos la capacidad de lograr todo lo que queramos.

Entonces somos Magos.

Para ayudarte a despertar estoy aquí.

Es bueno que vayas sabiendo que puedes realizar lo que se te dé la gana, porque las "ganas" tuyas son las de Dios...

Comprende que Dios no te niega nada, porque te ama infinitamente más de lo que imaginas.

A través de las lecciones de esta Escuela podrás llegar a obtener todo lo que tú quieras.

La Iluminación, el Paraíso, el Nirvana, el Satori, el Samadhi, la Conciencia Cósmica o lo que prefieras.

Y si es dinero lo que te interesa, podrás obtener todo el que tú necesites.

Puedes llegar a conseguir todo lo que resulte bueno para ti y para tu labor.

Todo lo que sueñas, porque, repito, tus sueños son la Voluntad Divina.

Es por eso que si los realizas complaces a Dios.

Tercer Claustro

Una nueva lección te entrego: tú ya eres un Mago.

¿Te sorprende?

Sólo aquello que sorprende, enseña.

Tú has venido utilizando tus poderes mágicos desde antes de nacer.

Elegiste nacer donde y como quisiste.

Toda la vida que has llevado ha sido el fruto del manejo de tus Poderes Divinos.

Tú te creaste todo lo que has vivido.

Dios ha venido operando en ti a través de ti mismo.

Pero tienes algo muy importante: *libre albedrío.*

Tanto te respeta Dios, que no interviene en tus decisiones.

El siempre está en ti susurrándote el Camino hacia el bien.

Pero si tú eliges lanzarte a un precipicio, El no te lo impedirá.

Dios tiene hijos, no esclavos, robots ni títeres.

Porque Dios es Amor.

Y uno de los más preciosos frutos del Amor se llama LIBERTAD.

Por eso tienes libre albedrío.

Y por eso no se enseña nada que no estés preparado para asimilar y aceptar con un convencimiento libre.

No es por casualidad que justamente ahora llegaste a esta Enseñanza.

Sólo cuando el alumno está preparado aparece el Maestro.

En este caso, el Maestro viene en un libro.

Todo Conocimiento es fruto de un *elevamiento del nivel de conciencia*.

En realidad, el Maestro sólo aparece *cuando el alumno llega a él*.

El Conocimiento siempre ha estado esperando que tú eleves tu nivel de conciencia para que puedas asimilarlo.

Por eso, intentar ocultar el Conocimiento es una labor sin sentido.

El Conocimiento se oculta a sí mismo.

Si la luz es muy fuerte, ciega a quienes no están habituados a ella.

El sabio puede gritar su saber a los cuatro vientos. No hay cuidado; el ignorante no puede comprender.

El Ocultismo está oculto sólo para quienes no tienen "ojos" para "ver".

Comprender que Dios es Amor, y que ello *no es metáfora*, está al alcance sólo de cierto nivel de conciencia.

Los demás podrán repetirlo mil veces, sin llegar a *comprender* lo que están diciendo.

Que tú hayas sido el Creador de tu propio destino mediante el uso de tus Poderes Mágicos, llegar a *comprender* eso está al alcance sólo de cierto nivel de conciencia, pero se puede repetir sin comprender.

Quienes no han alcanzado ese nivel tienen cerrada la puerta que conduce a las maravillosas posibilidades que implica esa verdad.

Porque puedes programar tu futuro y realizar lo que quieras.

Pocos tienen acceso a un raudal de Libertad tan grande.

Pero aquí está el Conocimiento, para quien pueda utilizarlo.

Esta Enseñanza está a salvo de intromisiones indeseadas, como toda Verdadera Enseñanza.

¿De qué te sirve saber que la Magia Blanca es la obra del Amor, si la poderosa Energía del Amor no está en ti?

Y si la poderosa energía del Amor está en ti, ¿qué daño podrías hacer con ella?

Y si REALMENTE quieres hacer daño, ¿quién te amarra las manos?...

Si tienes ganas de sufrir en forma terrible, nadie te lo impide.

A tu alcance tienes puñales, ganzúas, veneno y todas las herramientas del pirata.

Y también, libros de Magia Negra, pero este es un camino sólo para quienes no quieren sufrimientos, sino Felicidad: las Personas Decentes.

Bien, dentro de ti hay un Mago que es capaz de realizar lo que quieras y que ha realizado todo lo que has querido.

Y si te ha tocado la desdicha, tú lo elegiste así, pero siempre estuvo a tu alcance, igual que en este momento, la Puerta hacia la realización de tus deseos.

Al igual que el Conocimiento, *la Dicha siempre espera que tú des los pasos hacia ella*, y siempre está *cerca* de ti.

Puedes tardar años o vidas enteras en dar un paso. Siempre depende de ti.

Tu Libertad se respeta en forma sagrada.

Tu Mago Interior ha estado siempre obedeciendo tu voluntad.

Pero jamás le has ordenado, por ejemplo, "consígueme el trabajo, la situación o la pareja que necesito".

Naturalmente que no, porque, de acuerdo a tu condicionamiento mental, eso "no se puede"...

Jamás le has ordenado que obtenga lo que tú anhelas, porque crees que eso es "imposible".

Pero le ordenaste en cambio realizar todo aquello que tú creías que sí era posible, como enfermedades, miseria, soledad y accidentes...

Y seguramente culpaste a Dios o al "destino"...

El Mago Interior obedece a la voz de la CERTEZA.

Si "estás seguro" de que en ese viaje te matarás, ¿qué puedes esperar?

Si te salvas es porque no estabas tan seguro de morir...

Hay una CERTEZA inconsciente y otra consciente. A veces son opuestas.

Esta Escuela de Magia es para que la CERTEZA inconsciente se haga CONSCIENTE DE LO QUE TU QUIERES.

Cuarto Claustro

Si Dios está en ti.

Si hay en ti un Mago Creador a tu disposición.

Y si tú has creado tu realidad, acepta esta nueva verdad:

TU ERES EL DIOS DE TU MUNDO PERSONAL.

Ya sea que lo aceptes hoy, mañana o en otra vida, siempre lo has sido y siempre lo serás.

Mientras más pronto lo aceptes, más rápido podrás realizar tus proyectos más "inalcanzables".

No recuerdas tu Divinidad Interior, pero para activar en ti ese recuerdo estoy aquí.

Lo que deseas realizar depende de ti.

Tú juzgas, apruebas, rechazas, condenas, decretas como posible o imposible, *realizas o impides la realización de tus deseos*.

39

Porque Dios actúa a través de ti.

Mientras no comprendas en forma clara y terminante que TU ERES EL DIOS DE TU MUNDO PERSONAL, no podrás actuar como un Mago, que es lo que en realidad eres.

Quien no ha pasado por esta Escuela, implora a Dios.

Quien se ha graduado en esta Escuela, *DECRETA, ORDENA*.

La vida es Magia, Arte, Creación de instante en instante.

LAS REALIDADES LO SON SOLO EN LA MEDIDA QUE TU LAS ACEPTAS COMO TALES.

¿No sabías que los átomos de un elemento pueden convertirse en átomos de otro elemento?

¿No te dice eso que no hay rigidez en el universo?

¿No te indica que Dios pone la Magia a disposición del hombre?

La materia obedece a la voluntad de quien sabe ser uno con su Mago Interior.

El alquimista transforma el plomo en oro.

Y también puede alcanzar la INMORTALIDAD.

¿No se puede?

¡Sea!... para ti.

Tus creencias son verdaderos DECRETOS en tu mundo personal.

Todo lo que un ser humano haya alcanzado, también tú lo puedes lograr.

Tú, expresión viviente del Creador —aunque estés inconsciente de tu Divinidad—, *estás en todo momento creando*, de instante en instante, pero no lo sabes.

Podrías elegir vivir otra historia, *pero tu mente es lenta para aceptar verdades nuevas*, sobre todo, tu mente subconsciente.

Y la clase de CERTEZA del Mago abarca la mente consciente y la subconsciente; *desde su Conciencia ordena a su subconsciente*.

Puede que "en teoría" aceptes ser un Mago, en el consciente, pero, ¿y en tu subconsciente?

Es allí donde debemos trabajar. Debemos hacer que nuestro subconsciente "escuche", conozca nuestros verdaderos deseos.

Por eso, *conoce primero lo que quieres*. Segundo, *acepta que "sí se puede"*.

Intenta aceptar que las cosas no son como tú creías, porque con esas limitaciones en tu mente...

La *idea* que tú tienes de Dios es la que rige tu realidad.

Creas tu realidad de acuerdo a *como crees* que es Dios.

Si tu Dios es cruel, tu realidad no será muy agradable, pero no es culpa de Dios, sino tuya.

El te deja actuar como prefieras.

Con tu Poder creador, en base a tus creencias o condicionamientos mentales vas creando tu realidad.

Es por eso que la búsqueda de "culpables" es un sueño muy profundo.

Pero se utiliza a menudo para no descubrir al real causante: tú.

Todo está en tu mente. Tu situación actual es una elección tuya, una opción elegida por tu mente.

Cambia tu mente y cambiará tu mundo, tu destino, todo.

Tú te llevas por donde crees que es lo mejor, pero piensas que alguna autoridad por sobre ti decide tu destino.

Si eso fuera así, tú serías un títere, en lugar de lo que eres: LIBRE.

Todo está regido por el Amor, de allí deriva la Ley de Causa y Efecto.

Mientras generes malas causas en contra del Amor, recibirás negativos efectos. Así irás aprendiendo a respetar al Dios Amor.

No es venganza, sino una dura forma que tú has elegido para hacerte más sensible y más consciente.

Los efectos negativos (mal Karma) sólo durarán hasta que ames más.

Jamás podrás escapar al Karma, porque el Señor del Karma eres tú mismo.

Jamás podrás esquivar la Ley del Amor, porque, aunque no te des cuenta, en el rincón más profundo de tu corazón reina el Amor.

En el fondo, "mal Karma" significa "ELIJO EL SUFRIMIENTO".

Tu dolor durará sólo hasta que tú te perdones, perdones a otros o dejes de hacer daño.

Tu castigo, entonces, será tan duro como tu corazón.

Y tu dicha, tan grande como el Amor que reine en ti.

Cuando decidas que ya basta de sufrimiento para ti, entonces comenzarás a crearte la felicidad; entonces "bajarás de la cruz".

Quinto Claustro

Si tú eres el Dios de tu mundo personal, eso quiere decir que *TU ELIGES LA HISTORIA QUE QUIERES VIVIR*.

¿Crees que el futuro ya está escrito?

Puede ser, *pero hay tantos futuros posibles como seas capaz de imaginar*.

Porque, si tú eliges la historia que quieres vivir, NO EXISTE UN DESTINO UNICO, sino la más amplia LIBERTAD de elegir cada cual su propia historia, segundo a segundo.

No existe un solo acontecer universal, único e inmutable, común a todos los seres del universo, no.

Por lo menos, intenta aceptar un universo en el cual la historia no esté ya escrita, sino que *tú la vas escribiendo segundo a segundo*.

En la tercera dimensión de conciencia hay un solo destino. Allí, Dios parece ser bastante limitado. No es capaz de hacer más que un solo "argumento" universal, en el cual todos estamos metidos, sin capacidad de salirnos del papel asignado.

En la tercera dimensión de conciencia la existencia se vive como en los rieles de un tren, sin la posibilidad de cambiar el rumbo, porque todo está *prefijado de antemano*.

Si eso fuera así, qué poca imaginación tendría Dios...

En la cuarta dimensión de conciencia también vamos como en los rieles de una vía férrea, pero con la diferencia que *podemos dirigirnos por "ramales" a cada instante*.

Algunos llevan al Cielo; otros, al infierno, pero podemos elegir.

No existe un destino único.

Todas las posibilidades están dadas, pero *tú eliges cuál aceptar en tu historia personal*.

Tú eliges el "ramal" que vas a seguir.

Caer en la violencia u olvidar la "ofensa", elige.

Según tu libre elección y de acuerdo a la ley de causa y efecto (regida por el Amor) será para ti el resultado.

Tomar una decisión cualquiera equivale a escoger un "ramal" que lleva a lugares más o menos predecibles.

Si un día se te ocurre eliminar a una persona, se puede calcular que tu vida no será un lecho de rosas... (porque Dios es Amor).

Pero si decides hacer el bien, se puede profetizar tu futuro éxito.

Ante una indecisión, *averigua por qué "ramal" haces un bien mayor*.

Te propondré una forma de mirar la realidad que es la que utilizan los Magos.

Si quieres ser un Mago Consciente *debes romper tus condicionamientos mentales*. La estructura mental que has tenido hasta hoy *no te sirve para practicar la Magia*.

Para practicar la Magia, *tu mente debe ingresar al Maravilloso Universo de la Magia*.

En *este Universo* no hay un solo plano de existencia, sino múltiples, miles, millones.

Aquí todas las posibilidades están dadas, *cada "ramal" da acceso a todo un universo distinto*.

Aquí no hay un solo planeta Tierra, sino miles y millones de ellos.

Según tus decisiones, los "ramales" te van llevando a diferentes planetas Tierra.

Escoge un camino malo y te encontrarás con que una peste asola a la humanidad...

Por otro camino, las naciones se unen y se terminan las guerras...

Por un camino te encuentras con el lado más perverso de cierta persona.

Por otro, esa persona es un manojo de virtudes.

Tú eliges la historia que quieres vivir.

Con esa estructura en tu mente, tus posibilidades no tienen límites.

Se termina la *"psicosis de escasez"* y la *competencia*, que es una consecuencia.

Aquí se compite sólo consigo mismo, con la capacidad de crearse una vida cada vez más hermosa.

Te diré algo: esa forma de ver las cosas equivale a aceptar algo que es real, *porque así es realmente el universo...* de la Magia.

Y si no te convences de eso hasta la última fibra de tu mente, no te funcionará la Magia.

Dios es bastante más prodigioso de lo que habías supuesto.

Se te regala la más amplia Libertad para que, de acuerdo a tu nivel de conciencia, elabores tus fantasías y las hagas realidad. Así de grande es el Amor que se te tiene.

Además, te entregan una cuota de Divinidad *tan grande como seas capaz de aceptar* y se te permite ser el Dios de tu mundo personal.

Por eso, tú eliges la historia que quieres vivir y la haces realidad.

Los físicos modernos no dejan de sorprenderse al observar la materia.

Ahora resulta que las cosas son y no son a la vez; que el tiempo y el espacio no tienen realidad absoluta y cosas por el estilo.

Por el estilo de esta Enseñanza...

Aquí, el tiempo y el espacio son sólo una forma de movimiento de *tu conciencia*.

Eleva tu nivel de conciencia y te reirás de las distancias y del tiempo.

Y no tendrás limitaciones para practicar la Magia.

Bueno, eso es lo que has hecho siempre: practicar la Magia, pero a ciegas.

En esta Escuela vamos a tratar de que abras los ojos y te transformes en un Mago Consciente.

Sexto Claustro

¿Piensas que el Apocalipsis viene pronto?

Así será... para ti.

Porque tú eliges la historia que quieres vivir.

¿Piensas que muy pronto el mundo vivirá en dicha y fraternidad?

Así será... para ti.

Porque tú eliges la historia que quieres vivir.

Por eso, *el mundo en el que vives es elección tuya*.

Cada uno en lo suyo; la pantera en la jungla; el cerdo en el chiquero; el cisne en la laguna; el águila en las alturas; el humano, depende...

Para algunos, el mundo es horrible.

Para otros, el mundo es hermoso.

Elige.

¿Piensas que cierta persona no te ama?

Tú así lo decidiste. ¡Sea!

¿Piensas que tienes mucha suerte?

¡Sea!

¿Piensas que estas lecciones son mentira y que el universo *no puede* ser tan flexible y que Dios *no puede* ser tan bueno?

¡Sea!… para ti.

Porque tú eres el Dios de tu mundo personal.

El universo es tan flexible o inflexible como tu mente.

Tu Dios es tan bueno o malo como tú mismo.

Si sufres mucho, no eres tan bueno…

Pero puedes cambiar tu suerte en todo instante.

¿Qué tal si te decides a ser feliz *a partir de este mismo momento*?

¿No puedes?

Ah, *no quieres* optar por la felicidad.

Esa *estructura mental* es la que debes quebrar, nada más.

Allí está "el enemigo", y no fuera de ti.

¿Puedes ver que los obstáculos a tu felicidad están *en tu mente*?

Porque si crees que necesitas ciertas situaciones o cosas para ser feliz, *también debes comenzar por cambiar tu mente para obtenerlas*.

Si no hay un cambio allí, puedes pasarte siete o mil vidas implorando a Dios, pero lo que quieres no llegará.

Y si hay un cambio en ti, hoy mismo te puede llegar "aquello".

Cuando tú decidas.

Dios está siempre dispuesto a darte lo que quieres.

No olvides que fue El quien puso en ti esos deseos.

Me refiero a *deseos sanos y constructivos*, provenientes del Dios Amor.

El siempre está dispuesto.

Quien no está dispuesto eres tú.

No cambias.

El cambio que se necesita no es dejar atrás malos hábitos, por ejemplo, sino un cambio en tu mente. *El resto será consecuencia*.

Elimina de ti los "no puedo" y actúa conforme al Amor. *Eso es todo*.

El "no puedo" es una elección tuya.

El "sí puedo" es otra elección tuya.

Elige.

¿El Reino o un plato de lentejas?

Decídete de una buena vez a ser *como tú quieres.*

SI PUEDES.

Y si este libro ha llegado a ti, estás muy cerca...

Dios te ama.

¿Y tú, te amas o no?

Ama a tu prójimo *igual que a ti mismo*, no más, no menos.

Pero ámate.

Bríndate la oportunidad de ser tan feliz como desees.

SI PUEDES.

Convéncete, por favor, de que esos deseos tuyos están *muy cerca* de su realización.

Porque es verdad.

Es eso lo que quiere para ti el buen Dios Amor.

Si le pides un pan, no te dará una serpiente.

Pero si le pides una serpiente, no te dará un pan...

¿Qué pides entonces?

Tu libertad se respeta.

Atrévete a pedir "aquello".

SI PUEDES.

Porque tú eres el Dios de tu mundo personal.

Y porque tú eliges la historia que quieres vivir.

Atrévete a elegir una hermosa historia.

Nuevamente:

¡SI PUEDES!

Séptimo Claustro

¿Te das cuenta que al leer estas lecciones se genera otro tipo de energía en ti?

Esa energía va produciendo un cambio.

Es una forma de Alquimia, de *transmutación* (de tu conciencia).

Por eso, este libro deberías leerlo tanto como necesites, y no una sola vez.

Porque cuando sales a la calle, recuérdalo, te enfrentas a todo un mundo que te irradia energías de la tercera dimensión de conciencia.

Y debes defenderte, buscar otra fuente de energía.

La hipnosis negativa de la tercera dimensión de conciencia tiene sus huestes en las ciudades, elevando monumentos de concreto mental al "no se puede".

Allí, *estar "bien de la cabeza" significa tener la más firme y absoluta convicción de que "no se puede"*.

Pero muchos de los que están en los más altos lugares de ese mismo mundo saben que "sí se puede" y por eso están allí...

¿Y tú, hasta dónde te atreves a aspirar llegar?

Los límites de lo posible o imposible los estableces tú mismo.

Porque tú eres el Dios de tu mundo personal.

Así como Dios dice "HAGASE LA LUZ", y ella se hace, así tú estás *decretando* a cada momento, pero no lo sabes.

Has vivido utilizando los poderes y potestades de tu Divinidad Interior, pero sin darte cuenta.

Y el "darse cuenta" separa al Mago del que no sabe que lo es.

Pero, *conscientemente o no*, tú eliges la historia que quieres vivir.

Entre las cosas que imaginas, algunas se cumplen; otras, no.

Algunas de esas cosas *son rechazadas por ti porque las consideras imposibles*. Esas no se cumplen.

En otras tienes CERTEZA. Esas se cumplen; tú las elegiste.

Aceptas lo que "todo el mundo" acepta; rechazas lo demás.

Por eso, no puedes doblar metales con sólo desearlo, mientras que otro sí puede.

El tiene la CERTEZA de que la materia obedece a la voluntad del Mago, y tú, la CERTEZA de que eso es imposible.

Pero cada cual realiza lo que imagina...

En cada ser humano hay un Mago; cada cual va creando su realidad, su propio mundo personal.

Cuando la labor creadora se hace desde la "tercera dimensión de conciencia", se hace *inconscientemente*.

Entonces se piensa que alguna autoridad superior es quien la hace.

Esas personas son Magos dormidos, ignorantes de serlo; *son títeres y víctimas de sus propias creaciones*, las que suelen ser más bien dañinas para sus creadores.

Tal vez todo esto te sorprenda tanto que no lo creas. O puede que pienses que es verdad, pero que tú jamás vas a poder cambiar tus condicionamientos mentales y que nunca vas a poder operar en el Arte de la Magia.

¡Cuidado! Lo que decidas creer es una elección tuya, y *lo que crees se hace real con una dosis suficiente de CERTEZA*.

Como tú eliges la historia que quieres vivir, ¿por qué mejor no eliges creer que sí vas a conseguir transformarte en un Mago?

Basta con tomar conciencia de que, en realidad, tú eres el Dios de tu mundo personal.

Pero también es natural no poder sacar los bloqueos mentales al Mago Interior en unos pocos instantes.

Es toda una vida, más que eso, es toda la información que has recibido, proveniente de centurias y milenios, traspasada a ti incluso en tu memoria celular.

Siglos de "no se puede" contra unas pocas páginas que has leído.

Pobre Mago, sepultado tras un millón de "imposible"...

Pero vamos a rescatarlo.

Acepta al Dios Amor desde el fondo de tu corazón y todo comenzará a cambiar para ti.

Ya no habrá más "castigo divino" ni "mal karma", sino Magia.

Todo es cosa de elección.

Cambia tu Dios severo y rígido, vengativo y celoso, malhumorado y castigador, por el Dios Amor.

Deja de actuar como el viejo dios y sé como el Nuevo Dios.

Porque, te repito, *tu* Dios es tan bueno o tan malo como tú.

Y si eres bueno, realizas cosas buenas y hermosas.

Si tu vida es dura y triste, ¿a quién vas a culpar?

Pero todo puede cambiar.

Para eso son esta Escuela de Magia Blanca y este Templo Etérico.

Estas primeras lecciones fueron simple introducción al Conocimiento.

Ahora, y siempre que ante la elección "sufrimiento o Magia" hayas optado por la última, vas a comenzar a trabajar en serio (pero hermoso).

Y siempre que hayas aceptado que el Amor es Dios.

Y que creas que Dios quiere la felicidad para ti.

Y que no digas que es imposible.

Bien, puedes continuar tu camino, hermano Aprendiz.

Cuando todo lo que te he dicho esté muy claro en tu mente.

Si no es así, regresa al Primer Claustro.

Pasillo hacia el Segundo Umbral

¡Qué alegría volver a verte!

Un poco antes de lo que yo esperaba, pero me alegro.

¿Cómo te pareció el Venerable Maestro?

¿Más informal de lo que hubieras esperado? Aguarda un poco más...

Algunos de estos Venerables son bastante alegres.

A mayor cercanía de Dios, mayor alegría; pero si te desvías encontrarás mayor *Severidad* también...

Bueno, ahora intentaremos ingresar al Segundo Umbral.

¿Qué dices, que te cuesta aceptar muchas cosas de las que dijo el Venerable?

No importa. Esa información está "trabajando" dentro de tu subconsciente. Poco a poco esas nuevas Energías producirán un cambio en tu conciencia.

Vamos al Segundo Umbral.

Pronto verás que cada Umbral tiene diferente forma de acceso.

En éste, basta con abrir la puerta.

¡CHIIIIRRRRRRIIIIIiiiii!

Pasa.

Segundo Umbral

¡ALTO AHI!

(Olvidé informarte que encontraríamos al Guardián del Segundo Umbral, perdona, es que no tengo mucho tiempo en este puesto... El te hará algunas preguntas. Confío en que sabrás responderlas, fue para eso tu estadía en los Claustros.)

¡¿COMO SE LLAMA TU DIOS?!

¡¿QUIERES SUFRIMIENTO O FELICIDAD?!

¡¿QUIEN ES EL CAUSANTE DE LO QUE TE HA OCURRIDO?!

¡¿QUIEN ESTABLECE LOS LIMITES DE LO POSIBLE O IMPOSIBLE?!

¡¿QUIEN ELIGE LA HISTORIA QUE QUIERES VIVIR?!

¡¿QUIEN ESTABLECE LA FLEXIBILIDAD O RIGIDEZ DEL UNIVERSO?!

¡¿COMO SE LLAMA UNO DE LOS MAS PRECIOSOS FRUTOS DEL AMOR?!

...   .

Si respondiste Amor, Felicidad, Yo, Yo, Yo, Yo y Libertad, entonces puedes continuar.

Esa señorita que viene ahí es la hermana Anfitriona (un elevado cargo).

Ella te preparará en lo que te toca ahora: prestar el JURAMENTO.

No me preguntes nada a mí, para eso está ella. Te dejo.

Yo soy la hermana Anfitriona. Te felicito por haber podido llegar hasta este Umbral.

Eso te hace merecer poder transformarte en Caballero o Dama de una Orden muy antigua y muy, muy grande...

Para eso es necesario que antes prestes un Juramento sagrado e inviolable.

Porque las Autoridades del Amor no pueden entregarte Poderes sin que tú te comprometas a no utilizarlos indebidamente.

Tienes un cuerpo material en la Tierra, pero tienes también otro cuerpo en este plano etérico. Aquí se efectuará una Ceremonia para tu Juramento, pero también tienes que hacer una pequeña Ceremonia en el plano material.

Por eso, es mejor que elijas un momento apropiado para esa Ceremonia.

Y que te presentes adecuadamente a ella.

Porque en este plano vas a estar REALMENTE RODEADO POR LOS BLANCOS SACERDOTES DEL AMOR.

Dentro de un Templo QUE ES REAL.

Y más real será mientras mayor sea tu respeto, devoción y fe.

Porque en esa medida los Seres de Luz estarán REALMENTE contigo.

Y en esa medida REALMENTE serás un Caballero o una Dama de esta Orden.

Ya sabes que todas estas cosas son FUERZAS.

Con tus propias Fuerzas atraes o no a las otras FUERZAS.

¿Comprendes?...

Me alegro.

Lo que harás en esa Ceremonia quedará archivado en forma imborrable en los Registros Internos tuyos y nuestros.

Si haces todo como es debido, REALMENTE comenzarás a tener asistencia mayor para tu trabajo en el plano material.

Dejarás de ser una persona del montón y te transformarás en alguien "muy especial"...

Puedes tomarlo todo a la broma o actuar como una Dama o un Caballero desde el principio. Elige...

Hay bromas sanas y otras que no son sanas.

Algunas bromas sanas hacen más llevadero el Camino...

Pero tu Juramento y el *Lado Interno* de este Templo *NO SON BROMA*.

¿Ves cómo el conocimiento se oculta a sí mismo?

Quienes lo toman a la broma no son asistidos por el tipo de ENERGIAS que necesitan para elevar su nivel de conciencia.

Por eso, esta clase de libros puede significar un ascenso maravilloso en la calidad de vida o no significar más que palabras.

Es cosa de cada cual.

Pero si tú haces todo al pie de la letra, nosotros estaremos contigo, *y tú podrás percibirnos claramente*.

Bien, cuando estés listo para tu Juramento, asegúrate de estar a solas en una habitación, *limpio de ropa, cuerpo, mente y sentimientos*, a la luz de un cirio o vela blanca.

Es deseable que la habitación esté pintada de colores claros, ojalá blanco, al igual que tus vestiduras, pero no es imprescindible.

Lo que sí es imprescindible es que *nadie sepa que vas a ingresar a una Escuela como ésta*.

Puedes decir que estás leyendo este libro, pero tu grado de acercamiento a esta Escuela debe ser algo íntimo.

Aquí trabajamos con ENERGIAS MENTALES, y toda la gente emite energías mentales.

La duda es una clase de energía. Quien duda de algo está emitiendo energía mental de cierta clase.

Las energías mentales más fuertes opacan a las más débiles.

No permitas que la irradiación que aquí recibes te sea borrada por la intromisión de mentes ajenas.

Es todo un inmenso bombardeo de "imposible" contra una pequeña irradiación de "sí se puede". Cuídate.

Toda Escuela Iniciática tiene en el CALLAR uno de sus más importantes requisitos. *Esta Escuela no es una excepción.*

Los objetos quedan "cargados" con las energías mentales de quienes los poseen o manejan.

Por eso, no es conveniente que prestes este libro.

Es muy deseable que le pongas un forro blanco, color protector.

Voy a informarte ahora a qué clase de Institución estás a punto de ingresar. Así sabrás mejor ante quién haces tu Juramento.

Esta Escuela pertenece a la Hermandad Blanca.

La Hermandad Blanca *no tiene Templos ni lugares de reunión en el plano material*.

Existen algunas agrupaciones en el plano material que llevan el mismo nombre, pero lo usan en honor a la verdadera Hermandad Blanca, cuyos Templos y Sacerdotes están *en Planos Etéricos*.

La Hermandad Blanca existe desde más allá del tiempo y se extiende hasta las estrellas...

Moisés y Jesús pertenecen a la Hermandad Blanca, al igual que muchos otros Iniciadores de sendas espirituales.

Muchas naves espaciales pertenecen a las Fuerzas de la Hermandad Blanca...

El único propósito de la Hermandad Blanca ha sido siempre el de contribuir en la *evolución de la conciencia de la humanidad*.

La casi totalidad de las Escuelas Iniciáticas son creación de la Hermandad Blanca, pero muchos de sus miembros lo ignoran.

Algunas de esas Escuelas se desvían con el tiempo y dejan de servir a los propósitos para los cuales fueron creadas.

Ello no es culpa de la Hermandad Blanca.

Cuando una Escuela, una agrupación, una religión o una persona *deja de servir a la humanidad, deja de pertenecer a la Hermandad Blanca*.

La Hermandad Blanca está motivada por el Amor; por eso, le interesa contribuir a disminuir la ignorancia y el sufrimiento derivado de ella.

¿Quieres pertenecer a tan noble Hermandad? Vamos entonces al Juramento.

Santuario del Templo

Ahora vas a estar en dos mundos.

En el mundo material debes estar en las condiciones que te mencioné, en pulcritud, soledad y recogimiento, a la luz de una vela blanca.

En el Mundo Etérico, observa a los Blancos Sacerdotes que te rodean dentro de este Santuario.

Aquí también hay una Luz sobre un Altar.

Esa Luz simboliza *lo más sagrado de tu interior*.

Ante ella, con las manos sobre tu corazón, de rodillas (si es que *sientes* estar ante Dios), respirando profunda y calmadamente unos instantes, poniendo tu Ser Interior en tus palabras, repite:

"JURO SERVIR A LA HUMANIDAD TODA MI VIDA, EN LA MEDIDA DE MI CAPACIDAD Y LIBRE VOLUNTAD. NO SERE CAUSA DE CONFLICTO, VIOLENCIA O SUFRIMIENTO PARA NADIE. EXALTARE LA CONCIENCIA DE PAZ, HERMANDAD, UNIDAD Y AMOR".

Ha llegado el Sumo Sacerdote. Está frente a ti. Tiene una radiante Espada en su mano. Con ella te da un suave golpe sobre un hombro.

Vas a ser declarado Caballero o Dama de la Hermandad Blanca, al servicio de Dios y de la Humanidad...

Eso ocurrirá al tercer golpe de Espada.

Vamos a la segunda parte del Juramento. Repite:

"JURO NO UTILIZAR EL PODER QUE RECIBA PARA HACER DAÑO. SI TAL COSA LLEGO A HACER, PIDO A DIOS QUE ME CORRIJA PARA QUE NO SEA YO UNA CAUSA DE DOLOR EN EL MUNDO".

Siente el segundo golpe de la Espada del Sumo Sacerdote, sobre tu otro hombro.

Respira profundo, como te indiqué.

Pasemos a la parte final del Juramento.

"JURO NO REVELAR JAMAS A NADIE MI PERTENENCIA A LA HERMANDAD BLANCA Y NO REVELAR LOS CONOCIMIENTOS SECRETOS QUE SE ME ENTREGUEN A QUIEN NO SEA UNA PERSONA DECENTE".

Siente el tercer golpe de Espada, esta vez sobre tu cabeza.

Si has hecho todo en la forma correcta y de corazón, estás declarado Miembro de la Hermandad Blanca.

Todo un privilegio.

Mientras actúes como es debido contarás con la protección de esta Hermandad.

¡BIENVENIDO, HERMANO!

Ponte de pie y recibe el abrazo fraterno de quienes te rodeamos.

Antes de abandonar este Santuario, extingue la llama de la vela repitiendo estas palabras:

"SU LUZ RESPLANDECE DENTRO DE MI".

Así sea.

Te dejo nuevamente con tu Guía. Hasta pronto.

Hola, venga un abrazo. Hermosa ceremonia, ¿verdad?

Bien, ahora vamos más al interior de este Templo.

Recibirás Siete Lecciones de parte de un Venerable Maestro que es *muy joven* y que conoce bien la clase de mundo en que tú vives.

Hazle caso en todo.

Este Venerable sabe que tú estás en el plano material por un lado y en el Etérico por otro lado; te conoce mejor que tú mismo. Vamos.

Nos veremos al final de tus Lecciones.

¡CHIIIIRRRRRIIIIiiiii!

Pasen, pasen. Bienvenidos.

Ponte cómodo, hermano Aprendiz, siéntate a mi lado.
Vamos a conversar.

Puedes retirarte, hermano Guía. Ah, ¿serías tan amable de
traernos unos jugos de fruta y dos sandwiches de queso?...

Cuando no pongas esa cara de monarca ofendido podrás
sentarte en este Sitial, hermano Guía...

¡iiiiiIIIIIRRRRRRIIIIIHC! ¡¡PLAM!!

(Ji, ji)... Como verás, querido Aprendiz, incluso en estos
Elevados Planos ataca el bichito del orgullo espiritual.

Pero te diré un secreto. ¿Sabías que quienes tienen ese
defecto han superado bastantes otros defectos?

Justamente por eso los ataca el bichito que te mencioné.

Ese es el problema de este Guía; por eso no ha llegado a
Venerable.

Pero todo es cosa de tiempo. No se puede evitar que las
uvas maduren cuando les llega su tiempo...

¿Sabes? Me gustaría que cambiaras esa cara.

Esa que tienes ahora, entre carnero degollado y recluta en
su primer día de servicio...

Suéltate, relájate.

Las cosas de Dios son muy hermosas, producen alegría y
felicidad.

Pero tú has llegado aquí como res hacia el matadero...

76

Mientras andes con esa cara, no andas realmente en los Caminos de Dios, para que sepas.

Te daré un ejercicio para que te sueltes. Ponte de pie.

Ahora baila la Raspa, no, no, no. No digas nada. Baila, yo canto: bailar, bailar, bailar, ¡clap! la Raspa popular, ¡clap! bailar, bailar, bailar, eso, muy bien, clap, clap, clap... ¿Ves como tu cara ya cambió? Así me gusta. Siéntate ahora.

Así trabajan energías diferentes en tu conciencia, porque *tu cuerpo es una expresión visible de tu conciencia*...

Por supuesto que si cambia tu conciencia cambia tu cuerpo...

Bien, hermana o hermano que estás frente a mí.

Relájate, porque vamos a comenzar la Primera Lección de Magia Blanca.

Primera Lección

Toda Sabiduría es UNA. No importa cuál sea tu religión o agrupación. Aquí se respetan todas las creencias *que no sean contrarias al Amor*.

Vamos a la Primera Lección de Magia Blanca.

Cuando Dios entregó Diez Mandamientos a través de Moisés, fíjate cuál fue el *Primero*. Ha sido modificado con los años, pero vamos a la fuente original, la Biblia. ¿Podrías ir a buscar una Biblia? Yo te espero...

Una Persona DECENTE, fiel al Dios Amor, a esta Escuela y a su Maestro, no desobedece; *no continúa leyendo sin ir a buscar una Biblia*.

Los piratas lo son en lo poco y en lo mucho. Nada tienen que hacer en este Templo. Tienen sus manos negras o rojas, no blancas.

Bien, ahora abre la Biblia en Exodo, capítulo 20, versículo 3.

¿Qué dice allí?

Eso es algo que sólo quienes tienen una Biblia en la mano conocen...

Ese es el *Primer Mandamiento de la Magia*.

Ahora sabes que ese Dios que te exige fidelidad absoluta es el Amor y nadie más que el Amor.

Si tu Dios no es el Amor, estás sólo leyendo palabras, pero no tienes asistencia superior para *comprender* esta Enseñanza.

En el versículo 4 el Amor te dice que no debes hacerte figuras y que no te inclines ante ellas ni les rindas culto.

Si tienes tu casa llena de imágenes, no te digo que las retires, pero sabe que la Magia Blanca *no utiliza apoyos materiales* tales como estampitas, figuritas, talismanes, fetiches ni objetos de ningún tipo.

Aquí se trabaja con la ENERGIA INTERIOR.

La magia negra sí utiliza ese tipo de cosas, pero ésta es una Escuela de Magia Blanca.

El Maestro Jesús fue un Mago Blanco enviado por el Dios Amor.

El no utilizó imágenes ni objetos de ningún tipo para realizar su Magia.

La multiplicación de los panes, la transformación del agua en vino, caminar sobre las aguas, calmar la tormenta, sanar enfermos, resucitar muertos y hacer ver a los ciegos era Magia, ¿no?

80

¿Te das cuenta ahora que el Camino a Dios, al llegar a cierto punto pasa necesariamente por la Magia?

El no dijo "esto lo hago yo solamente; ustedes, ni sueñen con hacerlo".

No.

El dijo que con una pequeña pizca de fe, tú podrías hacer lo mismo o mayores cosas inclusive.

El dijo que para quien tiene fe, nada es imposible.

¿O piensas que mentía?

El universo funcionará para ti según lo que tú pienses.

En esta Escuela de Magia debemos comenzar por aceptar en la mente que "sí se puede".

De ahora en adelante, *tu cercanía o lejanía de Dios será indicada por tu capacidad o incapacidad para hacer "milagros".*

Si nada puedes lograr, eso indica que no estás muy avanzado en el Camino hacia Dios.

Todas las religiones son Caminos hacia Dios.

Si El èstá en la Cima de una Montaña, las religiones son Sendas diferentes para alcanzar la Cima.

Hay Caminos largos y Caminos cortos.

Algunos toman muchas existencias.

Por este Camino llegamos a la Cima "situándonos" en forma instantánea...

Aunque al principio sólo sea por breves segundos.

Pero si tú prefieres una cama de fakir, el Camino es bastante más largo...

Todo es cosa de elección. Elige, nadie te obliga a nada.

¿No te parece eso hermoso? *Nadie te obliga a nada...*

De esta Escuela puedes salir en el momento que gustes, y nadie se molestará contigo, excepto tú mismo.

Y si rompes tu Juramento, nadie te arrancará la lengua ni te cortará la garganta... pero no te sentirás muy Decente.

Lo peor que puede sucederte es no conseguir todavía aquello con lo que sueñas.

Pero tarde o temprano, en esta vida u otra tendrás que comprender que tú eres el único Creador de tu destino y deberás comenzar a buscar *una vez más* la forma de realizar ese Mandato Divino que tienes tú contigo mismo.

Puedes comenzar el Camino ahora o después. Elige.

¿Ahora?

Bien, te felicito. La mayoría posterga y posterga, *y de pronto encuentra que el tiempo se le terminó...*

Comienza entonces a aceptar que tú eres el Dios de tu mundo personal.

Para que lo aceptes plenamente debes sacar de ti tus condicionamientos mentales.

Dios está en ti. En cierta forma eres tú mismo; por eso debes actuar como Dios, esto es, como un Mago.

Pero algo estás logrando.

Tener ante ti este libro, haber prestado el Juramento y continuar leyendo con la esperanza encendida nace de una Fuerza.

Esa es la *Fuerza de Dios* en ti.

Es la Fuerza de tu Dios Interior.

El te ha puesto en el Camino de la Magia.

Esa Fuerza es la que debes identificar dentro de ti y serle fiel *con devoción total y exclusiva*.

Esa Fuerza es Dios, el Espíritu de Dios.

Respetar el Primer Mandamiento significa *no permitir que otro tipo de fuerzas* se adueñen de tu corazón.

Una pequeña duda, un rencor, una mala sospecha y has violado el Primer Mandamiento.

Has permitido a un dios ajeno ponerse delante de tu Dios.

Has permitido que una fuerza inferior te apague la Fuerza Divina.

Ten cuidado, porque dentro del ser humano que vive en la tercera dimensión de conciencia hay un "Judas" esperando la ocasión de traicionar a su Dios Interior.

Pero si logras mantener esa Llama siempre encendida en tu corazón, no habrá para ti nada imposible.

Vencerás la enfermedad, la necesidad y la desdicha de todo tipo.

Podrás sanarte y sanar a los demás.

Esta Escuela será la ruina de los médicos...

Porque la Magia es una Ciencia *más fácil que tomar agua*.

Muy pronto los sanadores y autosanadores serán miles.

A muchos no les gustará que la gente sepa cómo arreglárselas para ser feliz sin necesidad de esclavizarse a nadie ni a nada.

Porque algunos tienen poder sobre otros debido a que les tienen convencidos de que son débiles, impotentes e ignorantes y que sólo ellos pueden ayudarles.

Así les sacan hasta el alma.

Pero hay también algunos que son esclavos por vocación y libre albedrío...

Si tratas de liberarlos te conviertes en su enemigo mortal.

Por eso, cada uno con su calamidad o dicha personal autoelegida.

No hay un Camino Universal único, bueno para todas las almas.

Ese tipo de ilusiones se tienen en la tercera dimensión de conciencia.

No se puede salvar *el mundo* ni *la humanidad*. Eso no existe.

Esta Enseñanza no va a cambiar *el mundo*.

Esta Enseñanza va a cambiar *tu mundo*, si eliges eso...

En la tercera dimensión de conciencia el Salvador está afuera.

En la cuarta dimensión de conciencia el Salvador eres tú mismo.

"El Mesías" es un *nivel de conciencia*.

Cada cual debe ser su propio Mesías y su propio Dios de su mundo personal.

Todo aquel que, *desde el nivel de conciencia adecuado* diga, "YO SOY EL MESIAS", lo es realmente.

El Salvador *de su mundo personal*.

Y como el Mesías es el Camino a Dios...

Un poco más adelante podrá decir "YO SOY EL AMOR".

Y toda la Existencia Universal se estará expresando en su voz.

Si tú mismo no cambias tu mundo personal, si no dejas de aplicar tus Fuerzas Creadoras en contra de ti mismo, nadie lo hará por ti.

Si alguien lo hiciera por ti, entonces no tendrías Libertad, porque serías una especie de robot manejado por alguien que no eres tú.

Por eso, es mejor que olvides la historia de que alguien que no eres tú mismo vendrá a salvarte.

Suficiente ayuda es que este tipo de libros existan. *El resto debes hacerlo tú.*

Porque tienes Libertad; no eres un robot.

Tienes Libertad para alcanzar lo que sea.

La Magia, entre otras cosas.

Puedes transformarte en el personaje que tú elijas ser.

Un Iluminado, un alquimista, una estrella de cine, un ídolo del rock, el dueño de una empresa internacional, lo que quieras.

Nada es imposible para el que tiene fe.

Para el que *elige tener fe* en que SI PUEDE.

Y si *lo que tu corazón te pide* es un terrenito en el campo con gallinas picando la tierra por ahí, entonces obténla, porque es Mandato Divino que lo hagas. Es ése el Salario Justo que mereces.

Presta mucha atención a tu corazón. Allí están tus *verdaderos* deseos.

Pero también la fría mente ha elaborado planes que no están conectados con el Dios que habita en tu corazón.

Prestar atención a deseos que no provienen del corazón es también faltar al Primer Mandamiento.

Es otra forma de tener dioses ajenos.

Es traición a tu Dios, a ti mismo.

Nada es mejor que usar vestiduras propias, por *humildes o costosas* que sean.

Seguir el sendero que el propio corazón manda, por *sencillo o grandioso* que pueda ser.

Es más fácil ser Mago que no serlo.

En realidad, *resulta imposible no ser Mago*, porque toda la gente ya lo es; aunque muy pocos lo saben.

Por eso, la Magia es más fácil que tomar agua.

Lo que cuesta es aceptar la verdad.

Porque la tercera dimensión de conciencia es el dominio de la ilusión y de la mentira.

Allí, los Magos *sueñan* que son débiles e impotentes.

Como crees no ser un Mago, vives de acuerdo a esa mentira.

Y te creas situaciones y cosas de acuerdo a esa mentira.

Si te resfrías, tú lo quisiste, pero crees que una voluntad ajena así lo quiso, o que fue "casualidad".

Si la "casualidad" existiese, el Creador no sabría muy bien lo que hace.

Y podría el universo estallar, por "casualidad"…

Creer en la "casualidad" es dudar de Dios.

Si eres pobre es porque *tú elegiste* esa manera de vivir, aunque culpes a tu abuela o a la "situación mundial".

La "situación mundial" *es la situación que hay en tu mente*…

Para algunos, hace mil años que esto "no da más".

Para otros, todo mejora día a día.

Elige.

Toma una bomba y sale a matar "culpables".

Aléjate del mar a escapar del Apocalipsis.

O realiza tus hermosos sueños. Para eso es necesario un Apocalipsis previo…

Apocalipsis significa *mandar al cuerno la estructura mental que te está dañando; la destrucción de "LA BESTIA" de tus limitaciones mentales*.

"Era de Acuario" significa alcanzar la Magia, la Libertad.

Tu mundo personal es el fruto de las ideas que albergas en tu mente.

Tu mundo es tan feo o hermoso como tus ideas.

Tus ideas son tan buenas o malas como tu corazón.

Si te parece que es "muy difícil" salir de la pobreza o conseguir cualquier cosa, espiritual o material, así será para ti.

Si te parece que la vida está llena de oportunidades, así será para ti.

Has visto el ejemplo de otros más limitados que tú.

Superaron sus limitaciones y hoy están donde quieren.

Has visto gente igual que tú, que consiguió llegar donde a ti te gustaría estar.

La única diferencia entre tú y ellos consiste en que *ellos decidieron creer que sí podían lograrlo.*

En cambio tú has decidido creer que no puedes.

Tú elegiste esa creencia paralizadora.

Pero has optado por ingresar a una buena Escuela.

Quieres cambiar. Vas por buen camino.

Pronto vas a superar tus negativas formas de pensar.

Sólo te falta aceptar la Verdad.

Si tienes poderes mágicos, sí puedes lograr lo que deseas.

Una vez que aceptes esa Verdad quitarás el obstáculo a tus Fuerzas Creadoras.

Es muy fácil obtener lo que verdaderamente se ama.

Porque se cuenta con la Fuerza del Amor para conseguirlo.

Y el Amor es el Ser más poderoso del universo.

Segunda Lección

Volvamos al Primer Mandamiento. Te lo enseñaré.

Sí, ya sé que lo conoces, pero estás en camino de ingresar a un más alto nivel de conciencia.

Las verdades, igual que las parábolas, significan algo cada vez más elevado a medida que sube nuestro nivel de conciencia.

Ahora, el Primer Mandamiento podría comprenderse de esta forma:

"NO TENDRAS DIOSES AJENOS DELANTE DE *TI*".

Claro, porque Dios habita en ti.

La Voz del corazón es la Voz de Dios.

Pero podemos avanzar todavía un poquito más.

Ese Mandamiento, así como te lo acabo de mostrar suena como si alguien te estuviese dando una orden, ¿verdad?

Y si tú eres expresión de Dios, ¿quién podría ordenarte algo?

Entonces, veámoslo de una forma más parecida a como lo usan los Magos:

"NO HAY MAS DIOS QUE YO".

¿Te gusta?

Hermoso, la Libertad misma, libre albedrío en acción.

¿Sientes cómo las verdades generan cierta "electricidad" en tu cuerpo?

Entonces vas por muy buen camino.

Esta no es una escuela de filosofía. Aquí trabajamos con ENERGIAS.

¿Te dio miedo ese Mandamiento?

¿Es peligroso?

Tienes razón. Es más peligroso que un mono en el Trono del Reino.

Si lo toma el simio, que es el ego… qué terrible espectáculo ver a un ser inexistente, hecho de humo mental, creyéndose Dios.

Pero si dices "NO HAY MAS DIOS QUE YO" *dejando que sea tu Dios Interior quien lo exprese*, ¿dónde está la mentira?

Si logras dejar tu ego de lado, entonces no hay problema.

Pero no temas a tu ego.

Algo mucho más grande y poderoso hay en ti…

Si temes a tu ego, lo agigantas.

Donde hay temor, no hay Amor.

Donde no hay Amor, no hay felicidad.

Y la Magia Blanca nace de la felicidad del alma.

No temas decir "NO HAY MAS DIOS QUE YO".

Jesús dijo "mi Padre y yo somos uno".

También dijo que mayores cosas tú podrías lograr.

¿Por qué ese temor a ser uno con Dios?

En el fondo, siempre lo has sido.

Tal vez temes porque tu Dios *no es* el Amor.

Al Amor no se le teme.

Al que se teme es al "Gran Tirano del Universo", pero no al Amor.

Te diré algo:

Ese Dios, al cual imploras, adoras, buscas y temes, ESE DIOS ERES TU MISMO.

El dios de "allá arriba" no existe, créeme. Eso es ilusión correspondiente a la tercera dimensión de conciencia.

Si algún poder tiene sobre ti, tú se lo das.

Tú lo creas, tú le das poder, tú te castigas o te premias.

"Tú la Luz; tú la Lámpara", enseñaba el Maestro Buda.

"Tú eres Aquello", enseñan los libros antiguos.

Tú creaste, ayudado por las historias que te contaron, a ese "Verdugo-bueno-pero-terrible" al que tanto temes.

Lo tienes como un ídolo plantado delante de tu Dios Amor.

Y con eso violas el Primer Mandamiento.

Has creado un dios ajeno a ti mismo.

¿Dices que "todo el mundo" cree en él?

Claro, por eso "todo el mundo" desconoce la Magia; por eso los Magos son tan pocos…

Esta es una Escuela de Magia *Práctica*.

Este es un Camino sólo para hombres bien hombres y mujeres bien mujeres.

Nada aterroriza más a los semihombres y semimujeres que LA VERDAD.

Pero este Camino es sólo para almas dispuestas a jugársela por realizar lo que sueñan, *por salir de una vida llena de limitaciones y mediocridades.*

Sin aterrorizarse por lo que puedan encontrar cuando descubran una verdad más amplia.

Sin espantarse por todo lo **hermosa y maravillosa** que ella pueda ser...

Porque hay almas que se aterrorizan cuando se encuentran con Caminos en los cuales no hay terror.

Pero los Caminos de Dios, mientras más elevados, más hermosos, menos "terrorismo espiritual".

Aquí no hay "homicidios rituales", "quema de brujas", Apocalipsis ni martirio.

Aquí, *lo único que se debe sacrificar es el sufrimiento.*

Quien quiera seguir este Camino, en esta Nueva Era que se inicia (para ti, si es que decides eso), que arroje su madero de tormento y que esté dispuesto a ser feliz.

Que renuncie al sufrimiento, a la miseria, a la enfermedad y a la esclavitud.

El Amor ya no está en la cruz.

Quien quiera seguir el Camino de la Magia, que no se aterrorice con la Libertad, con la Felicidad ni con el Amor.

A esta Enseñanza no puede ingresar el temor.

Porque, así como el Amor es Dios, *el temor es el demonio mismo.*

El temor es un dios ajeno plantado delante del Dios Amor.

Porque donde hay temor, no hay Amor, no hay Dios.

¿Qué es el temor, sino dudar de la Bondad de Dios?

Aquí no pueden ingresar dioses ajenos, así que si no puedes respetar el Primer Mandamiento, es mejor que dejes hasta aquí la lectura y continúes entregándole tu dinero al doctor y a los aseguradores y continúes implorando quejumbrosamente ayuda divina.

Cerrando empecinadamente tus ojos a la realidad de los Poderes Divinos que Dios ha puesto en ti.

Rechazando ese don divino, ese maravilloso regalo.

Tal vez te cause temor pensar que Dios pueda ser tan bueno que comparta contigo su Divinidad.

Sin embargo, así es el Amor.

Y si tú fueras Dios, ¿no le darías la oportunidad a tus hijos de ser como tú?

¿Por qué entonces piensas que El es menos bueno que tú?

Tal vez sucede sencillamente que NO QUIERES SER FELIZ.

Porque el sufrimiento se puede transformar en un pegajoso VICIO.

Para algunos, la infelicidad y el lamento son un hábito muy agradable...

El "vicio de sufrir" puede encontrar magníficas *Justificaciones*.

"Irrebatibles" justificaciones físicas, familiares, sociales o espirituales para rechazar la felicidad.

Aquí sólo pueden sacar provecho aquellos que están firmemente decididos a ser felices.

Algunos desean "castigar" a otros con su sufrimiento, pudiendo llegar hasta el suicidio, para que "los culpables" sufran mucho...

Se cierran minuciosamente todas las puertas hacia una vida mejor, utilizan todos sus recursos para que les vaya mal en todo.

Hacen lo imposible por "castigar al culpable", que puede llamarse padre, novio, esposo, madre, novia, esposa, patrón, hermano, sistema o Dios mismo inclusive.

Porque hay quienes utilizan sus Padres Creadores para castigarse y para atormentarse y luego decirle a Dios "¡qué malvado eres conmigo!"...

Esas personas, o se dan cuenta que se están haciendo trampas a sí mismas, perjudicando de paso a los demás, y deciden cambiar e intentar seriamente ser felices, o abandonan este Templo.

Este Camino es sólo para quienes se sienten *realmente* hijos del Amor; por lo tanto, desean la belleza, el bien, la abundancia y la felicidad en sus vidas.

No desean dañar a nadie causándose sufrimiento. No son tan malvados...

Este Camino es sólo para quienes se cansaron de continuar apoyándose en limitaciones imaginarias y temores falsos y de crearse desdicha y decidieron pararse ante sí mismos como verdaderos hombres o verdaderas mujeres y tomaron el timón de sus vidas y dejaron de buscar fuera de ellos lo que está dentro de ellos y decidieron luchar por obtener aquello que su Dios Interior les ha pedido luchar por conseguir.

Pero a ninguno ha llegado "por casualidad" este libro a sus manos.

Su Dios Interior se lo acercó.

Porque, igual como no te gustaría ver a tus hijos desdichados, tampoco El quiere verte así.

Pero El no te puede obligar a ser feliz.

Porque respeta tu Libertad.

Sólo puede decirte que SI PUEDES.

Es bueno que elijas de todo corazón:

¿La felicidad o el sufrimiento?...

"NO HAY MAS DIOS QUE YO".

¿Qué significa eso?

Que si tú deseas algo y consideras que está bien, entonces realízalo, obténlo. Es Mandato Divino. Tú te lo ordenas.

Pero si no te atreves porque tu tía o algún libro o "todo el mundo" opinan que "no está bien" o "es imposible", *entonces estás faltando al Primer Mandamiento.*

Tienes otros dioses aparte de ti.

Tienes dioses ajenos llamados opiniones ajenas, creencias ajenas, teorías ajenas, costumbres ajenas, temores ajenos, imposiciones ajenas o supersticiones ajenas. *Eso es faltar a tu Dios, a ti mismo.*

Si crees que realizar tus sueños es "pecado", es tu elección pensar así.

Aquí se comienza con *no faltar a la Ley Universal del Amor*. Respetándola, *consigue lo que quieras.*

Si crees que a Dios le gusta verte pobre, enfermo y débil, qué malvada idea tienes acerca del Buen Dios Amor...

El Amor desea todo el bien, toda la dicha, todo el poder, toda la Libertad, la belleza, la satisfacción, la abundancia, la salud y la *riqueza en todos los sentidos* para todos sus hijos.

Así es el Amor, así eres tú mismo en el fondo.

Comprender eso es comprender realmente la primera Ley en el Camino de la Magia Práctica, la Ley del Amor.

Cualquier otra idea acerca de Dios, en este Camino, no sirve. Es un dios ajeno.

Ya está suficientemente dicho: el sufrimiento es un camino que cada cual se elige *cuando no elige el Camino del Amor.*

Si eso no fuera así, entonces el sufrimiento sería caprichosamente enviado por Dios, el "Gran Tirano del Universo"...

Es cierto que el sufrimiento es un gran maestro, pero está reservado a quienes no han llegado al Supremo Maestro: el Amor.

El Supremo Maestro sólo quiere que tú, su hija o hijo, seas feliz.

Volvamos a lo que te gustaría conseguir. ¿Qué tal la Iluminación?

¿No eres tan aficionado a ese tipo de cosas?

Bien, entonces, ¿qué tal un buen automóvil?

¿Que cómo se me ocurre decir eso? Es un ejemplo. A cada uno lo suyo.

Aunque, *si necesitas* un automóvil, pero tú consideras que Dios estará más complacido contigo si te ve en un autobús, esa es *tu* idea del Dios Amor.

No has comprendido todavía la Naturaleza del Amor. Poco futuro tienes entonces en este Templo.

¿Demasiada miseria en el mundo como para permitirse bienestar?

La miseria de tu mundo no se soluciona si tú eliges transformarte en un pobre más.

Mejor eligieras ser un rico que ayuda a la humanidad; porque con más recursos podrías hacer más cosas…

Uno de los peligros de estos Caminos consiste en despreciar a quienes no han logrado todavía llegar a nuestro nivel.

Cuídate. No desprecies al pobre ni al caído pensando que tú ya saliste de allí.

Aquello que despreciamos, *no lo hemos superado*, por eso, es posible que tengamos que volver a vivirlo…

La *comprensión*, eso es otra cosa.

No desprecies al pobre ni al caído, pero tampoco les *idealices* (no seas "extremista mental"). Tampoco idealices al rico ni al que aparenta ser puro y casto.

Algunos pobres sólo se lamentan y extienden la mano; otros pobres, con una mente más positiva encuentran cómo salir de sus necesidades.

Así ha sucedido con personas, naciones y *humanidades enteras…*

Y no todos han sido unos "sucios cerdos"; aunque hay otros que…

Si tu patrón te tiene esclavizado, pero tú no te atreves a salir de esa situación porque tienes TERROR de no encontrar otra cosa, así será…

Pero si buscaras en tu interior, en tus hermosos sueños, encontrarías para ti *caminos nuevos, diferentes,* sin imitar a la mayoría y sin piraterías.

Si imitas a la mayoría no realizarás tus sueños, porque realizarlos es privilegio de quienes sienten que son *"alguien muy especial".*

Todos lo somos, pero pocos lo aceptan. Los más imitan a la mayoría. Transitan los caminos del montón y viven la suerte del montón. Su Dios no se llama Amor; se llama "Mayoría".

En cada persona ha puesto Dios una *"Joya Diferente"*. Si tú descubrieras la tuya sería una bendición para tu vida y para la de los demás.

Porque Dios tiene *Algo* que realizar a través de ti… y las realizaciones divinas son siempre *una Joya, un gran Exito*.

¿Qué quiere Dios a través de ti?

Busca en tus más hermosos sueños. *Eso es*.

Pero mientras te rijas por la mente del montón, tu vida será mediocre, *lo cual es el salario de quienes no tienen Amor ni fe.*

Con piscina o sin ella, tu existencia será mediocre si no tienes Amor ni fe.

Puedes llenar de piscinas y de pan el mundo, pero si no pones Amor ni fe, siempre habrá quienes elegirán sufrir, y otros *elegirán hacer sufrir*.

No elijas ninguna de esas dos alternativas, pero si tuvieras que decidirte por una, *mucho menos sufrirás si eliges la primera de ellas*.

Pero mejor, ante tantas personas que sufren, tú podrías elegir ayudarles a que sepan este tipo de cosas, enséñales; además, *es tu deber, si te riges por el Amor*, pero no estaría mal que mientras les ayudas, en lugar de andar en autobús te movilices en un automóvil cómodo y confiable…

Ah, eso sería feo para la *imagen de santón* que quieres proyectar en los demás.

Entonces las opiniones de los demás son tus dioses ajenos.

¿Qué otra excusa para no vivir feliz?

¿"No se puede" conseguir un automóvil?

¡Sea! En tu mundo, tú mandas.

¿Un automóvil no es una buena manera de lograr realización personal?

(…Otra vez…) *¡ES UN EJEMPLO!* Que cada cual elija lo que quiera.

(Se rumorea en estos Elevados Planos que no es la maldad ni el egoísmo lo que causa la infelicidad en el planeta Tierra, sino *la falta de imaginación*…)

¿Es otro tipo de cosas lo que deseas?

Perfecto.

¿Qué excusa tienes para no conseguir ese otro tipo de cosas?…

¿Quieres ser un gran basketbolista, pero no tienes piernas?

(…En estos Elevados Planos se equivocan. También falta sensatez…)

En esta Escuela de Magia, al igual que en una escuela de cualquier cosa, se avanza *gradualmente*.

En las primeras lecciones de una escuela de pintura no se comienza por pintar una Monna Lisa, sino por unas manchitas.

(¿Es necesario decirlo? Ah, esto va para la Tierra. Sí, es necesario...)

La construcción de piernas, la Alquimia y la Inmortalidad son logros que obtienen *los alumnos más avanzados* de esta Escuela, en la cual estamos por el momento en una especie de *"pre-pre kinder"*. Pero alguna vez hay que comenzar.

Tercera Lección

Pasemos ya a un terreno más práctico, aunque todavía
tengas un tremendo bloqueo en tu mente al SI SE PUEDE.

Toma una hoja en blanco y escribe en ella siete deseos
emanados de tu corazón, siete grandes anhelos tuyos,
aunque te parezca que son muy difíciles de obtener y no
tengas la menor idea acerca de cómo se van a realizar.

Esto es un apoyo para tu conciencia, para que te ayudes a
descubrir lo que quieres, para que no lo olvides y descartes
lo que no deseas.

Esto es comparable a dejar en tu jardín sólo aquellas flores
que te gustan, eliminando flores y malezas que no quieres
tener allí.

SE PRECISO. No pidas simplemente "salud, dinero y
amor". Así no le das *instrucciones adecuadas al Mago
Interior*.

Escribe en qué lugar te gustaría vivir, de qué manera te vas
a ganar la vida, cómo será la casa que quieres, cuál será tu
contribución a la humanidad, la compañía que quieres
tener, etc.

¿Eres pobre? La riqueza sólo espera que alguien le eche mano…

No pidas poco. Recuerda que estás en buena relación con tu Dios (si todavía te cuesta verlo dentro de ti) y que como El es Amor, sólo quiere el mayor bien y la felicidad más inmensa para ti.

Ojalá no lo olvides, porque es verdad.

(A menos que tú decidas que no es verdad. En ese caso, no lo es, para ti.)

 Una vez que hayas escrito tus siete objetivos, pínchate un dedo y firma con tu sangre.

Así estableces un "pacto de sangre" entre tú y tus objetivos.

También es indispensable que nadie sepa lo que haces y que ocultes el papel de miradas ajenas.

Acostúmbrate desde el principio a *la soledad de la propia conciencia.*

No permitas que dioses ajenos (energías mentales ajenas, opiniones ajenas) perturben tu avance en esta Escuela.

Dios, en el fondo, está bastante solo. Aquí vamos a ir pareciéndonos a El.

Lo cual no significa vivir aislado de los demás, sino tener tu propia visión de la vida.

Los demás viven en el "no se puede". Cuídate; todo "se pega".

En la Magia Blanca lo más importante es descubrir los deseos del Dios Interior, pero es a veces *la labor más difícil en este Camino*.

El Dios Interior de cada cual, manifestación de la Gran Energía del Amor Universal, tiene sus anhelos y realizaciones propias que lograr *a través de ti*, pero *descubrirlas es más difícil que realizarlas*.

Una vez que las has descubierto, nada puede impedirte realizarlas.

Este asunto es muy hermoso.

Te diré por qué.

En los más elevados niveles de conciencia ya no hay separación entre ninguna de las partes del TODO, por lo tanto, tú eres Amor.

Y el Amor es todo belleza.

(Echale un vistazo al cielo una de estas noches, o contempla una puesta de sol...)

Por todo ello, tú, manifestación del Amor, no puedes desear nada que no sea hermoso, bueno y maravilloso.

Pero tanto tiempo te han enseñado tantas mentiras y te han nutrido con tantas cosas que no provienen del Amor y que no están dentro de tu alma luminosa, infinita, ilimitada y eterna, que te acostumbraste a tomar esas mentiras y limitaciones como realidades.

Y como el hombre piensa, así le sucederá.

En otras palabras, lo que tú aceptes como "la realidad" será la realidad para ti.

Por eso, por haber aceptado muchas feas mentiras puede que ahora tengas ciertos deseos que no provienen de tu corazón.

En tu mundo los hombres han creído que las guerras son buenos caminos para solucionar las cosas y han llegado a desear matar...

Así, por causa de una mentira, millones han debido padecer... para aprender que ese camino era erróneo.

Pero lo que se acepta como real, se hace real.

Si los vampiros de Drácula no han conseguido contagiar a toda la humanidad, ello se debe a que los buenitos científicos han luchado por convencerla de que no existen...

En *tu* mundo, porque en otros...

Tal vez no existen en tu mundo *porque tú no crees en ellos*.

Si tú tienes alguna paranoia, algún delirio de persecución cualquiera, por ejemplo, que los vampiros o los pac man o los extraterrestres son una amenaza y dedicas tu vida a la "noble cruzada de alertar a la humanidad", estás simplemente contribuyendo a que a mucha gente *se le haga realidad el negro panorama que tú les pintas...*

Sólo se debe temer al temor.

El temor realiza y agiganta aquello a lo que se teme.

Al ignorarlo, lo rechazas de tu mundo personal.

¿Temes al cáncer?

Entonces cuídate del cáncer, pero mejor te iría
ignorándolo...

El temor es una forma de fe.

Y la fe es CERTEZA.

Y la CERTEZA *realiza*...

Pero tienes la Libertad de elegir el tipo de CERTEZA que
prefieras.

¿En qué universo quieres vivir?

Yo te ofrezco uno en el cual Dios se llama Amor.

En este universo, tú puedes ser el Dios de tu mundo
personal.

No te digo que puedas ser el Dios de tu *universo* personal,
porque jamás aceptarías que Dios pueda ser tan bueno que
te regale un universo completo... qué barbaridad... tú, "un
pequeño gusanito"...

Pero acepta al menos que Dios te regala tu mundo personal
para que tú hagas con él lo que quieras, de acuerdo a tu
condicionamiento mental, a tus creencias y a tus deseos.

En este universo del Dios Amor los deseos *se realizan*.

Puedes aceptar este universo u otros.

Hay otros en los cuales a Dios le dicen, por ejemplo, Sexo, Dinero, Estado, Marihuana, Teoría, Ciencia, Sacrificio, Literatura, Avión, Tenis, Contabilidad, Banco, Medicina, Mal Karma, Castigo, etc., etc., etc.

Aquí, repito, Dios se llama Amor. Amor Universal, porque rige a este universo completo.

Aquí los extraterrestres se rigen también por el Dios Amor, por lo tanto pertenecen a la Hermandad Blanca y desean ayudar a la humanidad en su evolución hacia la Paz y el Amor.

Quienes deciden optar libremente por este universo se comprometen a actuar como hijos del Dios Amor y ser "a su imagen y semejanza".

Eso quiere decir que tienen los mismos poderes y potestades de Dios, el Creador de *este* universo; por lo tanto, *aprenden a utilizarlos*.

Para ello deben comprender que tanto les ama Dios, que les permite integrar sus conciencias a su Gran Conciencia y ser uno con El.

Con lo cual dejan de ser hijos y se transforman en UNO, descubriendo que son *Dios en Acción*.

Allí pueden realizar lo que quieran.

Porque cada cual es libre de creer y crear lo que quiera.

En este universo que te propongo, TODO ES CREACION.

110

Y si tú eliges la historia que quieres vivir, entonces también en cierta forma los problemas de tu mundo, la "situación mundial" ha sido por ti elegida...

Y todas las cosas buenas de tu mundo, también son elección tuya.

Eso quiere decir que tú eres en cierta forma *responsable por todo lo que pase en tu mundo personal.*

Te estoy hablando del *punto de vista* que debe tener el Mago.

En este universo que te propongo, cada cual es el centro de un mundo.

Así es el Amor, todo magnificencia, opulencia, prodigio y Libertad SIN LIMITES.

Si tú pudieras sintonizar tu conciencia con la del TODO, con el AMOR UNIVERSAL, entonces verías que una sola existencia hay: tú.

Allí verías que ocupas ese cuerpo, pero a la vez ocupas el resto de los cuerpos.

Tu serías el pájaro en la rama, el viento y la galaxia.

Serías el Creador del Universo.

Pero por el momento crees no tener control siquiera sobre los mosquitos que te molestan...

Pero es posible que otros lectores hayan conseguido activar zonas dormidas de sus conciencias, desencadenando así Fuerzas que les permiten levitar felices.

Y tal vez sólo si los vieras hacerlo podrías creerlo y levitar tú también.

Felices quienes no necesitan ver para creer...

O puede que estés muy convencido que todo esto es delirio del amigo escritor, a quien se le peló algún cable...

Ojalá se te pelara a ti el cable de los "imposible" y "no puedo"...

Y sobre todo el cable que le da realidad a lo que te enseñaron como "normal". Entonces no pondrías obstáculos a tu felicidad, a los susurros de tu Dios Interior, que se expresan en ti como deseos de tu alma.

Bueno, esta Escuela es para "pelar cables".

Si en tu mente tienes un "cable a tierra", a la tierra del "imposible", ese cable debe ser fundido para que no te corte las alas que te pueden llevar a los Dominios de lo Maravilloso.

Tengo la obligación autocontraída voluntariamente y en forma libre de enseñarte a realizar maravillas (porque te amo, pedazo de tonto).

Pero tú tienes el deber autocontraído en forma voluntaria y libre de esforzarte por poner en práctica estas Enseñanzas.

De no ser así, eres mi amigo, pero no mi alumno.

"NO HAY MAS DIOS QUE YO".

Repite esas palabras y medita en ellas.

Así se irá activando poco a poco tu Conciencia Divina.

Puede que a medida que avances por este Camino descubras que tus primeros siete deseos pueden ser modificados, porque encontraste otros *más verdaderos y profundos* que algunos de los anteriores.

En ese caso deberás rectificar el papel escrito.

(Venden corrector líquido en las librerías, pero si tú prefieres volver a pincharte un dedo...)

Tus siete deseos debes sabértelos *de memoria y en el orden correcto*, sin necesidad de leer el papel firmado con tu sangre.

Recuérdalos cada noche antes de dormir.

Recuérdalos cada mañana al despertar.

En esta Escuela *evitamos las prácticas rutinarias, porque al final se transforman en mecánicas*, pero tus deseos no deben ser olvidados jamás.

¿Cuáles son?

Responde sin mirar el papel.

Si no puedes, esfuérzate más por ser feliz.

¿Cuál de los deseos te cuesta más recordar?

Estás flaqueando por allí.

Tal vez no quieres eso realmente.

Lo que más se desea no se olvida tan fácil...

Busca entonces el verdadero deseo.

Procura que tus deseos estén siempre "ACTIVOS" en tu mente.

Un deseo es una fuerza, una ENERGIA en acción.

Si lo desactivas, ¿qué puedes esperar?

Para que no actives fuerzas negativas, *no albergues deseos que no sean expresión de tu Dios Amor.*

Por eso, para elegir bien tus objetivos intenta conectarte bien con tu Dios Interior.

Sobran técnicas para ingresar a niveles profundos de la mente. Utilízalas.

Recuerda que llevas años activando fuerzas que no provienen de tu corazón. Tienes muchos deseos que no son tuyos, sino de tu cuerpo, de malas costumbres, de necesidades ficticias y de tu ego, pero no de ti, no del Dios Amor.

Deberás separar hábilmente y con gran cuidado lo sutil de lo grosero...

Los deseos de tu ego son groseros y, en el fondo, no te interesan realmente. Elimínalos, sustitúyelos por los verdaderos.

Los deseos de tu Dios son muy hermosos y sutiles.

Fíjate que no puedes realizar ambos a la vez; son opuestos.

Por eso, en Magia todo es cosa de ELECCION.

Luchar por realizar los anhelos del corazón es la verdadera Religión, el verdadero Camino a Dios.

Lucha entonces por realizar los Tuyos. ¿Ya están claros en tu conciencia? Perfecto, entonces sólo ahora puedes *actuar*.

No es conveniente *actuar* antes de estar seguro de lo que se quiere.

Si creías que querías casarte con Juana y lo lograste, y ahora descubres que la verdadera dueña de tu corazón era Pepa... mejor hubieras esperado estar más seguro para actuar.

Si invertiste todo tu capital pensando que querías fabricar fusiles y ahora descubres que tu misión era construir despertadores...

Es por eso que nada es más importante que saber exactamente qué quieres.

Por eso, sólo ahora te digo que *no basta* con escribir tus deseos.

Cuando ya no quepa la menor duda en tu mente, entonces viene la segunda parte: *actuar*.

Si quieres tomates en tu terreno, si estás realmente seguro de ello, sólo entonces comienza a preparar tu terreno y a conseguir las *semillas de tomate*, no de lechugas.

Actuar significa *trabajar*, moverse en el plano físico y en los demás planos.

Si estás seguro de que quieres ser pintor, consigue pinturas, visita exposiciones, conoce pintores, ingresa a una academia y vive en el mundo de la pintura.

Y además, pon en práctica lo que aquí se te enseña.

Si quieres dejar ese empleo, primero descubre dentro de ti cómo podrías hacer una labor hermosa por tu propio camino; *descubre tu Joya y cree en ella*.

Después, comienza a dar los pasos, a *actuar*, a relacionarte con las personas adecuadas y a trabajar en lo tuyo en las horas libres.

Si lo das por hecho, lo que quieres llegará, *pero no sin que hagas algo*.

Si quieres espárragos en tu terreno, pero lo tienes lleno de gusanos, saca de allí los gusanos en primer lugar.

Si quieres un empleo de medio millón, asegúrate de que le vas a producir mucho más de medio millón al jefe.

En la Magia los absurdos quedan fuera.

La vida entera es una Escuela de Magia. Todos estudiamos la misma materia.

Vivir en la necesidad indica a las claras que nuestro "grado" no es de los más elevados.

La verdadera *necesidad* no es la carencia de bienes materiales, sino *la incapacidad de obtener lo que se necesita*.

Un "millonario" puede ser muy necesitado.

Un "pobre" puede no necesitar nada, *y viceversa...*

Cuando los estudiantes de Alquimia lograban convertir el plomo en oro, entonces sabían que iban por buen camino.

El verdadero objetivo de los alquimistas estaba más allá de lo material, pero la capacidad de *dominar la materia* les indicaba que no estaban lejos del verdadero objetivo.

Los estudiantes más avanzados de esta Escuela *son más ambiciosos que los ambiciosos*.

Los ambiciosos sólo aspiran al oro material.

Los muy ambiciosos aspiran al Oro Inmaterial.

Pero la capacidad de obtención del oro material indica que ya se tiene parte del otro.

La correcta obtención, utilización y dominio del oro material indicará que estamos en un peldaño superior.

Asimismo consideraremos el logro de la salud, del poder sobre otras personas y de la *LIBERTAD, objetivo supremo del buen estudiante*.

Al hablar de dominio sobre otras personas estamos ingresando en un terreno muy delicado.

Porque tu prójimo, por muy dormido que esté, es igual que tú: Dios en acción.

Por eso, quien no tenga arraigado firmemente dentro de su corazón el Amor, no será por el Amor asistido.

Si obtienes poder sobre otras personas, igual como tienes sobre tus hijos, trátalas como a tus hijos.

De ellos eres un servidor y un guía; no un tirano ni un aprovechador.

Pero no pretendas guiar mientras no seas capaz de guiarte tú mismo.

Y si todavía no has alcanzado la felicidad, no eres todavía buen guía.

Cuarta Lección

Verás que te reitero bastante algunas cosas.

Si tú fueras buen entendedor, con el "Pide y se te dará" te hubiera bastado.

O con el "NO TENDRAS DIOSES AJENOS DELANTE DE MI".

Pero vienes sufriendo un bombardeo de siglos:

"No se puede", "imposible", "locura".

Tengo que luchar contra siglos de programación mental negativa.

Y tú no eres de los que entienden a la primera, o ya serías como quieres y habrías logrado lo que deseas.

Si tus objetivos y deseos *no harán daño a nadie*, aunque no sean muy elevados, si son *tus verdaderos deseos*, lucha por ellos; es tu obligación (autoelegida).

119

Si quieres, por ejemplo, una buena casa, dinero, prestigio y éxito, encontrar la pareja más adecuada, la salud y una vida larga y fructífera, entonces *debes* conseguirlo. El Dios Amor te ayudará, porque es El quien quiere todo eso para ti. Por eso te acercó a este Templo.

Pero en este Templo no pueden progresar quienes no hayan reconocido en forma definitiva la Suprema Realidad del Dios Amor y de la Ley Universal del Amor.

Quienes *reciben enseñanzas* mediante el sufrimiento, el fracaso, la debilidad, la enfermedad y la miseria, no han reconocido en su interior la Suprema Realidad del Amor.

Quienes eligen no actuar de acuerdo al Amor, no tienen nada que hacer aquí, no todavía, porque todavía *no quieren* ser Personas Decentes.

Las almas que se encuentran aprendiendo del sufrimiento han elegido en forma libre ese camino. *Para ellas* no ha llegado el momento de "bajar de la cruz"; algún día llegará.

Pero cuando una persona aspira ya seriamente y sin temor a mejorar su vida, a superar sus necesidades y limitaciones, eso quiere decir que está lista para ingresar en el Camino de la Magia Práctica.

Si ese es tu caso, ¡felicitaciones!

Porque la mayoría no se decide a ser feliz.

Tu vida irá cambiando durante tus prácticas de Magia Blanca, ello te indicará que vas avanzando.

Tal vez te ocurra que con la misma cantidad de dinero comiences a vivir mucho más desahogadamente; que gastes más y vivas mejor, sin saber cómo es posible.

El viejo achaque comenzará a retroceder hasta que te olvides de él.

Los amigos idos regresan o llegan otros más enriquecedores.

Recibes ideas acerca de posibilidades de avanzar mucho más.

Una persona que siempre estuvo cerca, de pronto te muestra la puerta hacia un mundo sorprendente, *que siempre estuvo al alcance de tu mano*.

El negocio mejora, surgen posibilidades de ascenso, duermes más tranquilo.

Nadie te roba, aunque dejes olvidadas las llaves en el lado de afuera de la puerta.

Pero debo advertirte que en ciertos casos muy frecuentes, *el cambio positivo está precedido de verdaderos "desastres"*.

Sucede que hay personas que están metidas en un sistema de cosas que les es negativo, *y deben salir de allí* si quieren progresar.

Puede que te saquen a la fuerza si no has sido capaz de dejar el agujero negro por tus propios medios.

Y después, todo cambiará.

Si Dios quiere que tú vivas decentemente, pero te empecinas en no abandonar una covacha, es posible que te saquen *a palos*.

Pero si analizas después, verás que tú mismo elegiste el cambio, desde un nivel de conciencia más alto.

No sólo comenzará a cambiar tu vida en particular, sino también te parecerá que "la situación mundial" comienza a mejorar.

Claro, no hay un solo mundo. A medida que avances y que te acerques al Amor te irás acercando a mundos que no están tan cerca de la calamidad.

¿Cómo está en tu mundo la pelea entre rusos y norteamericanos?

Si están a punto de irse a las manos, tú estás mal. Un buen hijo del Amor no *se elige enseñanzas* de parte de una guerra atómica…

Es difícil aceptar la multiplicidad de planos de existencia, pero *aceptarlo en forma rotunda es la base de la Magia*.

Si todo estuviese ya escrito y de una sola forma, tú no tendrías Libertad, y si no tuvieras Libertad, Dios no sería el Amor.

¿Condenarías tú a tu hijo a la esclavitud?

Dios es más bondadoso que tú.

Además, para El todas las cosas son posibles.

El universo que te muestro es una ELECCION que te propongo aceptar.

En el fondo, sólo se trata de que elijas otra forma de pensar.

Los pensamientos son Energías Creadoras.

La realidad que aceptas, tú la creas con tu aceptación.

Si aceptas ser tonto, te conviertes en tonto.

En ese caso utilizas tus Poderes Creadores para bloquear tu inteligencia.

Con tus Poderes Creadores tú creas inclusive...

¡TOC, TOC, TOC!

¡Adelante!

¡CHIIIIRRRRRRIIIIIiiiii!

Aquí están los juguitos y los sandwiches de queso, Venerable Maestro...

¿Ahora? Me parece que fue hace un siglo cuando los pedí...

Es que esperé que se me pasara la desarmonía... para no contaminar...

Haces bien al superar tu falso orgullo, hermano Guía.

Bueno, je, je. No es por nada que ocupo el cargo de Guía...

¡Ahora tráenos unas servilletas!

¡iiiiiIIIIIRRRRRRIIIIIHC! ¡¡¡PLAM!!!

Este hermanito me obliga a utilizar la severidad para que "madure" más rápido... Bien, para que comprendas mejor las cosas, imagina que tú vives en un gran castillo que tiene miles de habitaciones y muchos pisos. También tiene prados, bosques, jardines y cascadas.

Imagina que sólo conoces unas pocas habitaciones de los subterráneos del castillo y que has pasado tu vida sin saber que había a tu alcance mucho más que ese obscuro mundito. No sabes que existen los pisos superiores ni los prados y jardines.

Siempre has vivido creyendo que el universo entero consiste en esos tenebrosos sótanos.

Cada Conocimiento nuevo (Conocimiento de ti mismo, por supuesto) equivale a descubrir una habitación nueva del castillo.

Cada aumento de nivel de conciencia equivale a descubrir un nuevo piso completo.

El castillo entero es el TODO, la totalidad del universo, Dios.

EL CASTILLO ENTERO ERES TU MISMO.

Pero por el momento sólo conoces los obscuros subterráneos, las bajas dimensiones DE TI MISMO.

Todo lo que no conoces es la parte inconsciente de tu Ser.

Hay niveles superiores que desconoces, y también niveles más bajos que aquellos en los cuales habitas. A ésos ya los superaste, porque tu existencia es un Camino desde las sombras a la Luz.

Cada habitación desconocida es una *"conciencia lateral"* tuya.

Tú sabes construir músculos y huesos, sabes desdoblar el azúcar, rechazar una infección, hacer latir tu corazón, *fabricar tu corazón, tus ojos y tu cerebro*...

Tu cuerpo es una creación tuya.

El conocimiento para crearlo estaba en ti, venía en tus genes.

Y tus genes y tú son la misma cosa.

No sabes cómo realizas todas esas maravillas, tales como construir un cerebro; sin embargo, lo haces.

Lo haces con esas *"conciencias laterales"* tuyas.

El trabajo se efectúa desde habitaciones desconocidas del castillo que eres tú mismo.

Así, igual como construyes células y sangre, sin saber cómo lo haces, asimismo te vas creando hasta los más mínimos detalles de tu mundo personal.

Porque tú eres el Dios de tu mundo personal.

Si te aceptan o no en un empleo, si te resulta o no un negocio, si vives cuarenta o cien años, todo lo decides tú.

¿Cómo?

Es un poco más fácil que construir tus cuerpos etéricos, pero tú lo haces para ti.

125

Me refiero a "ti" *como quien le habla al castillo entero*.

A ti, pero con todas tus "conciencias laterales" integradas a tu mente consciente.

Como eso no ha ocurrido todavía, decidiste ingresar a esta Escuela, en la cual integramos al consciente más y más "conciencias laterales".

Así es el Nuevo Universo que se te ofrece en esta Escuela.

Tómalo como un juego si prefieres, pero siempre como un hermoso juego, *en el cual crees de verdad*...

Los hindúes inventaron la palabra "LILAH".

¿Cuál es el sentido de la Creación Universal?

Respuesta: Lilah, juego, el Juego de Dios.

TU JUEGO.

¿Cómo es posible que el sufrimiento sea un juego?

Ese tipo de juegos lo eligen quienes no conocen al Dios Amor.

Es su forma de aprender, a golpes.

Siempre han estado vigentes los Mandamientos del Amor.

Y siempre existirán niveles de conciencia en los cuales no se respetan los Mandamientos del Amor.

Y siempre existirá la causa y el efecto.

Pero cada cual es libre de jugar, elegir o crear lo que quiera.

Porque cada cual es Dios en acción.

En niveles bajos como el de una ameba o elevados como el de quienes habitan en los pisos superiores del castillo.

Todos somos Dios en acción.

Y todos somos el mismo Ser: TU.

Así, como millones de células forman parte de tu ser, aunque ellas no tengan siquiera noción de tu existencia, así, tú eres una célula del Gran Ser: Dios.

Pero puedes ampliar tu conciencia hasta ser UNO con El.

Siempre lo has sido, igual como tus células y tú son el mismo ser.

En la cuarta dimensión de conciencia no hay separación entre todos los seres.

Y el Amor es la Fuerza que hace que toda existencia sea UNA.

Todos somos "células del Amor".

Nuestros pensamientos más íntimos son los pensamientos del Amor.

Pero el castillo tiene muchos niveles.

Desde los subsótanos, que ya superaste, hasta los prados y jardines que todavía no conoces.

En todos los lugares del castillo se viven diferentes tipos de realidades que tú puedes aceptar o no.

Lo que tú aceptas se transforma en tu mundo personal.

Esas son las habitaciones conocidas de tu castillo.

En las profundidades de tus mares los peces se tragan vivos unos a otros.

Aceptaste eso (tal vez porque a ti también te gusta tragártelos)...

Pero al menos no aceptaste vivir bajo el mar; tampoco aceptas dinosaurios.

Siempre existirán bajos planos de conciencia y existencia.

Pero tú puedes optar por no vivir en ciertos niveles.

No trates de "convertir" a los peces en vegetarianos; cambia tú.

No quieras cambiar *el mundo*.

Cambia tú, y tu mundo cambiará.

No quieras *obligar* a bajar de la cruz a quien quiera o deba estar allí.

Todo aquello que impide la Libertad es contrario al Amor.

Los Caminos hacia Dios son muchos y muy extraños.

Pero Dios sólo desea nuestra felicidad.

A veces elegimos sufrir para aprender o enseñar, pero siempre el sufrimiento es elección personal.

Algunos sólo aprenden del sufrimiento; otros ya pueden aprender de la felicidad.

No puede haber felicidad verdadera mientras tengas alguna relación con los *"sub subterráneos"* del castillo.

Mientras aceptes realidades que están a la altura de los más bajos niveles, no habrá felicidad para ti.

Si tus pensamientos son los de "todo el mundo", allí se dice que con un plato de sopa seguro, basta y sobra (y no importa cómo se consiga)...

Los pensamientos "de la calle" son *la realidad*, pero sólo de planos bastante bajos.

Esas energías impiden el paso a la vivencia de realidades maravillosas.

Por eso, casi "todo el mundo" desconoce la felicidad.

La realidad que te sucede es la que aceptaste.

Si en tu mundo mental "no se puede" hacer realidad los deseos, ¡sea! Eso es lo que aceptaste.

Si en tu mundo mental hay una sola historia para toda la humanidad y los seres no son Dios en acción, ¡sea!

Si en tu mundo los países están a punto de declararse la guerra, puede parecerte que ese era "el destino de la humanidad".

Sin embargo, lo quieras ver o no, tú aceptaste esa realidad.

En la medida que tú te acerques al Amor, las naciones irán resolviendo sus conflictos.

Porque no puede una persona que haga buen uso de sus Poderes aceptar una cosa tan fea como la guerra mundial.

Por lo menos, no aceptará estar cerca...

En el universo que te ofrezco, *los acontecimientos externos de una persona son manifestación de su interior.*

Te propongo jugar a eso, a que cada cual tiene su propio planeta.

Atrévete a jugar una bonita historia, en la cual tú no eres esclavo del "destino", sino el Dios de tu mundo personal.

Y por último, aunque hubiera un solo acontecer universal, tu destino cambiará si tú cambias interiormente. Puedes ponerle la firma a eso.

Quinta Lección

Pero.

Si existiera un solo acontecer universal, un solo destino y un solo mundo, entonces la *competencia* sería la forma de sobrevivencia.

Claro, como los recursos son *limitados* y las bocas son muchas...

Aunque, tal vez la competencia sea la ley de la tercera dimensión de conciencia, sólo hasta la tercera...

¿Te parece lógico pensar que los "Angeles" anden igual que los lobos?...

Si hubiera un solo mundo, una sola Verdad sería "la buena". El resto, equivocación, ignorancia, falsedad, apostasía, herejía...

Entonces, alguien tendría que estar equivocado; porque, según algunos, en la "otra vida" el Cielo tiene arpas y nubes; según otros, complacientes bailarinas...

131

Y no sería justo que el pobre musulmán que se hubiese esforzado por cumplir con su fe se encontrase al final con arpas y nubes...

Ni que un casto cristiano se encontrase con bailarinas...

Lo justo sería, a cada cual lo suyo.

Y si Dios es Amor, ¿no recibirá cada cual lo suyo?...

¿No será que nos falta imaginación y metemos a todos los animales en la misma jaula y hacemos todos los zapatos del mismo número?

"Curiosamente", según los relatos de quienes han echado un vistazo fugaz en "la otra vida", cada cual encuentra *justo lo que esperaba*...

Sus familiares idos o Jesús o la Conciencia Cósmica o el infierno.

Quienes encuentran a sus familiares idos, "por casualidad", no creen en la reencarnación...

Cada cual vive en el universo que es capaz de imaginar, *aquí y más allá*...

Si una sola realidad existiese, un solo mundo, un solo destino, entonces, por muy bien que tú te portases no podrías evitar el futuro común de toda la humanidad, normalmente, "el fin del mundo".

Y si quisieras cambiar *tu mundo* tendrías que cambiar *el mundo*.

La *competencia* de las Fuerzas del Amor contra las fuerzas del mal.

132

¡LA GUERRA SANTA!

(O las no tan santas...)

Habría que buscar la forma de eliminar a los "sucios cerdos" que no aman...

O rogar a Dios que les mande una mortandad súbita, un SIDA contra los canallas que no tienen Amor...

O dedicarse a cambiar los corazones mediante "CRUZADAS DEL AMOR".

Sin querer ver que *el grado de Amor que se es capaz de experimentar depende del nivel de conciencia*.

Que el corazón no cambia sin un aumento de nivel de conciencia.

Y que la conciencia no se eleva desde afuera, sino desde adentro.

Y que si alguna ayuda se puede prestar, no es un asunto de "masas" ni de "cruzadas", porque no se puede meter a todos los bichos en la misma jaula.

Si quieres hablar de muy elevadas cosas, entiéndete con las jirafas...

No hables de trigonometría con niños de kinder.

Todos los oídos son sensibles al Amor (o casi todos al menos).

Pero al Amor *Universal*...

Una siembra pacífica, serena, eso es otra cosa.

Lo demás genera represión, sufrimiento y violencia.

Siempre han sido y serán ésos los resultados de las Cruzadas.

Echa un vistazo en la historia.

(En *tu* historia...)

Los Maestros no andan a la caza de discípulos. ¿Para qué necesitan oídos que *no pueden comprender*?

El discípulo *llega al Maestro* cuando ya está listo.

Cuando ha llegado a otro nivel de conciencia se encuentra allí con el Maestro.

Todo intento de convencer, adoctrinar, "concientizar" y hacer "cruzadas" para que los demás acepten nuestras verdades es una forma de violencia.

Es querer que los duraznos maduren en invierno o que las peras se transformen en manzanas.

Que los niños de kinder o los doctores en matemáticas aprendan a dividir...

Todas esas cosas ocurren cuando se piensa que hay un solo mundo y un solo plano de existencia.

Cuando se ignora que con un elevamiento del nivel de conciencia se encuentra el paso a otros planos de existencia.

134

Y que esos planos siempre estuvieron allí, sólo que no habíamos llegado a ellos.

Siempre, eternamente existirán corazones duros.

Siempre habrá duraznos verdes en un hemisferio y duraznos maduros en otro hemisferio.

Siempre habrá niños en kinder, niños en tercero y niños en cuarto.

No puede toda la humanidad practicar el Amor Universal.

No en *tu* actual nivel de conciencia...

Cuando tú llegues a una elevada conciencia, siempre existirán niños en kinder y corazones duros y los peces se comerán unos a otros bajo los mares de ciertos "planetas", *pero tú ya no los verás...*

Tú estarás en un mundo en donde toda la humanidad practica el Amor Universal...

Siempre en la tercera dimensión de conciencia se pensará que hay una sola realidad.

Allí estará la "psicosis de escasez", la competencia, la búsqueda de prosélitos para cambiar *el mundo*, la violencia y las guerras.

Y siempre habrá gente en la cuarta dimensión de conciencia viviendo la realidad que haya elegido.

Más allá de la tercera dimensión de conciencia, el tiempo no tiene realidad absoluta, el futuro y el pasado están aquí.

Un instante jamás desaparece.

Los dinosaurios están felices comiéndose a los pterodáctilos en algún lugar, en alguna dimensión, pero tú ya no los ves.

(Tal vez se encuentran en una dimensión de *antimateria*...)

(Para ellos, antimateria eres tú...)

El mundo, tal como lo conoces, no cambiará jamás.

Pero *tu mundo* cambiará según tu cambio de conciencia.

"A los pobres *siempre* los tendréis", dijo el Maestro Jesús.

Porque *siempre* habrá pobres (no sólo de espíritu) en algún plano de existencia, pero tú puedes ingresar a un mundo sin miserias.

Ese mundo ya existe, pero tú todavía no lo ves...

A cada instante se está decidiendo entre una opción u otra.

En cada elección se ingresa a un universo diferente.

Tus pasos te están llevando a las puertas de un nivel de conciencia en el cual no merecerás "el fin del mundo", sino dicha, unión y paz.

¿Qué dices? ¿Que las Escrituras Sagradas anuncian un desastre?

Claro, si dejas que LA BESTIA, los dioses ajenos ocupen el lugar sagrado, tu corazón, no esperes nada bueno.

¿Dices que el desastre es para todos?

No leíste bien. Allí se anuncian calamidades para algunos y felicidad para otros.

¿Dices que la Tierra se destruirá de todas maneras?

(...Vaya obsesión de este amigo...)

No existe una sola Tierra. *Cada cual vive en el mundo que es capaz de imaginar.*

A cada uno le ocurrirá según sus pasos previos. ¿No es lógico?

Cada cual se elige su destino, de acuerdo a los actos que elige.

Algunos eligen un mundo que va hacia la destrucción; otros, uno que va hacia la dicha, Arcadia, el Paraíso, ¡OFIR!

¿Dices que nadie elegiría un mundo que se va a destruir?

¡JA! Atrévete a decirles a algunos que el mundo no se va a acabar...

Son capaces de degollarte vivo si ven amenazado su juguete mental; compruébalo.

Como ellos son "tan perfectos", fijo que se salvan, son rescatados por los "Angeles"... Así, con regocijo observarán desde el cielo el "maravilloso espectáculo" que significará ver cómo el fuego de Dios consume a la humanidad...

137

Montañas, lagos, mares, animales, bosques, ciudades; todo consumido por el fuego, pero ellos, "los buenos", mirando desde arriba, riéndose de "los malos".

A este Templo no deben ingresar quienes tienen unos deseos bárbaros de ver ese "maravilloso" destino para el planeta Tierra.

Si te encantan las "energías mentales apocalípticas" para "tu película", allá tú, pero estos pasillos secretos no llevan a ese tipo de espectáculos.

Por aquí, la Tierra se transforma en Ofir…

Pero sólo la Tierra de quienes llegan hasta el final de estas Puertas.

Para ver a la Tierra envuelta en fuego hay otros caminos. Se encuentran por "afinidad vibratoria".

Aquí ingresan libremente sólo quienes han *elegido* hacerlo, por otra clase de "afinidad vibratoria".

Y si tú no eliges este Camino, ¿cuál es el problema?

(Qué hermoso.)

Cada cual elige su contacto con la *forma de Energía* que su conciencia puede aceptar o reconocer como *el* Camino.

Es por eso que hay muchos Caminos.

Porque hay niños en kinder, en primero, en segundo, en tercero, en cuarto, etc., con todos los grados intermedios.

Cada Camino ofrece a sus seguidores una distinta concepción de la vida, *del pasado, del presente y del futuro*. Esto ocurre *también con las teorías sociales y científicas*.

Hay todo un "repertorio" de "películas" que se te ofrecen como *la* realidad.

Y todas son válidas, porque te están ofreciendo "Fuerzas" con las cuales estructurar tu mundo y tu universo personal.

Pero no tienen valor ni poder fuera de él.

¿Existe en tu mundo la Teoría de la Relatividad?

Qué bien; eso indica que tú comienzas a aceptar que el tiempo y el espacio no son verdades absolutas, sino relativas.

En la cuarta dimensión de conciencia el tiempo y el espacio se consideran como *una forma de movimiento de la conciencia para entender la realidad que está a su nivel*.

Pero en este nivel de conciencia hay muchas "películas", no una sola.

Y en este nivel, tú, José, Gertrudis y yo somos el mismo Ser.

Tú eres una "conciencia lateral" mía.

Yo soy una "conciencia lateral" tuya, y además…

¡TOC, TOC, TOC!

Adelante.

¡CHIIIIRRRRRIIIIiiiii!

Aquí están las servilletas, Venerable Maestro.

Muchas gracias, hermano Guía. Puedes retirarte.

Quería además agradecerle por sus sabias reprimendas.
Enseñan mucho.

No es nada. Eres en el fondo tú mismo quien te las das.

¿Yo mismo?...Ah, ya veo, je, je, entonces soy casi un
Vener... ¡GULP!

¡iiiiiIIIIIRRRRRRIIIIIHC! ¡sc!

(Este hermano comienza a ver sus propios defectos, va por
buen Camino.)

¿Cómo crees que se realiza la promesa del Cielo para
quienes actúan bien?

*Alcanzan un elevado nivel de conciencia que les da acceso
a otro mundo.*

Es de esa manera como tú puedes alcanzar un mundo que
ingresa a la Confraternidad Intergaláctica.

Pero los extraterrestres regidos por el Dios Amor *no
entrarán en contacto contigo mientras tú no resuelvas
tus desarmonías interiores*.

Esto quiere decir que no existan más en tu vida las
necesidades y que en tu mundo no existan las guerras, la
miseria y las divisiones.

Nada de eso podrá ocurrir mientras no haya el suficiente Amor en tu corazón.

Porque el mundo en el que habitas es un mundo a tu nivel.

Sube de nivel y cambiará tu mundo.

Baja de nivel y también cambiará tu mundo, pero no favorablemente...

Hay un planeta Tierra que ya ingresó a la Confraternidad Intergaláctica.

Y otro que se destruyó.

Y muchos más, pero tú no los puedes ver.

¿Y tú, qué vas a elegir?

Espero que no te hayas comprado un lugarcito en el Cementerio, porque eso indicaría que estás dispuesto a sufrir la mayor derrota que se puede aceptar; la peor de las ELECCIONES: la muerte.

La muerte no es inevitable.

Sería bueno que dejaras de pensar tan mal del Dios Amor.

Tú puedes optar por no morir jamás.

Y no me refiero a "vida después de la vida".

ME REFIERO INCLUSIVE A TU CUERPO MATERIAL.

¿Qué crees que quiso enseñar Jesús?

¿Dónde está su cadáver?

¿Cuál cadáver?

No tienes por qué morir jamás. Tu puedes elegir
seriamente encontrar el Camino de la Inmortalidad, como
otros lo hicieron antes...

¿No se puede?

¡Sea!

¿Lo intentarás?

¡Bravo! Un valiente que se atreve a *no suicidarse*...

PORQUE TODA MUERTE ES SUICIDIO.

Elegir morir en un "accidente" o de cáncer es también
suicidio.

¿Tu cuerpo está viejo?

Si encuentras el Oro Inmaterial podrás rejuvenecerlo hasta
el nivel de un bebé si quieres...

¿Mentira?

¡Sea!

Crees que la muerte es inevitable.

Qué lástima.

Porque *sólo se hace real aquello en lo cual creemos*...

142

Si tú inventas la muerte en tu mundo personal, tú la padeces.

Si la eliminas, la eternidad es tu herencia.

¿Los cementerios llenos de cadáveres? ¿nadie vio jamás a alguno que no muriese?

En *tu* mundo, en *tu* película.

Los niños de tercero no saben qué hacen los niños de cuarto.

Los niños de cuarto no se van a meter en las salas de los niños de tercero...

Quienes alcanzaron el nivel de conciencia desde donde se es capaz de desencadenar las Energías Rejuvenecedoras, también alcanzan mundos personales en donde la violencia fraticida ya no existe.

En *sus* mundos terminó la muerte.

Allí los cementerios son sólo un triste recuerdo.

Y tú puedes llegar a ese mundo.

Tienes una "conciencia lateral" que sabe que sí, y tienes una mente que dice "NO".

Así sea, para ti.

Te sientes más inclinado a creer en la perversidad de Dios que en su maravilloso Amor.

Dios no mata; tú te matas.

Claro que para aprender "el Arte de no Suicidarse" hay que llegar a la *"Universidad"* de esta Escuela.

Y estamos sólo en el *"pre-kinder"*.

(Subiste ya un pequeño nivel.)

Pero no te pre-ocupes, se puede llegar a la *"Universidad"* en esta misma encarnación.

Existe la posibilidad de que no vayas a parar a la tumba.

De sacarles la lengua a los vendedores de funerales...

Siempre que tú lo aceptes y busques ese "ramal".

Y siempre que confíe en el Amor.

Sexta Lección

¿Quieres ejercicios y prácticas rutinarias?

Los ejercicios y prácticas rutinarias no sirven para nada.

Eso es **multiplicar el sueño**.

Tiene que producirse primero una buena brecha en tu mente vieja, para que acepte posibilidades nuevas.

Con pequeñas aceptaciones mientras lees, aunque no te des cuenta, comienzas a recibir Energías nuevas.

A menos que leas con un gran "NO SE PUEDE" en tu mente.

Los ejercicios y prácticas las estás realizando al leer.

Cada pequeña aceptación de una verdad nueva resquebraja los muros del "imposible".

Y si los muros están derrumbados, puedes ordenar a un árbol que se desarraigue y que se vaya al mar.

Y TE OBEDECERA.

No es verdad que se necesiten misteriosos rituales para operar la Magia.

Basta con ordenarle al plomo que se convierta en oro.

Pero sin los muros del "NO SE PUEDE" en la mente.

Y TE OBEDECERA.

Para hacer oro hay que tener Oro.

El Oro Inmaterial, el que abre las puertas de la Libertad se llama CERTEZA.

Para rejuvenecer, basta con la CERTEZA de ir siendo más joven cada día.

A la Voz de la CERTEZA obedecen los vientos, la materia, las personas, el Mago Interior y tus propias células.

A la Voz de tu CERTEZA, hasta las piedras obedecerán tus sugestiones.

Quienes quieren confundir, enseñan que la FUERZA DEL MAGO es su voluntad.

La fuerza de voluntad es simple fruto de la FUERZA DEL MAGO: la CERTEZA.

La voluntad puede ser muy inflexible, pero es lenta.

La CERTEZA es *instantánea*.

146.

Si la CERTEZA es la base de tu FUERZA, entonces *la DUDA es tu enemiga mortal*.

Los temores nacen de ella.

La DUDA es la Maestra, la Rectora de la mente del tercer nivel. Está en las calles comandando sus huestes, en los colegios y periódicos, en la diplomacia, los negocios y las universidades.

(De tu mundo personal...)

Por la Duda existen los arsenales y las fronteras, los documentos y la policía.

Por la Duda los dioses pierden sus Poderes.

Quienes se rigen por esa diosa, jamás pueden acercarse a estos Caminos.

Así, el Conocimiento va siendo vedado a sus infieles, porque los buenos hijos de la Duda son buenos infieles a sí mismos.

El Poder se entrega sólo a quienes vencieron la Duda y alcanzaron la CERTEZA.

Nadie vio jamás a un Mago con dudas.

Quienes dudan, no pueden ser Magos.

Sólo la Duda te impide ser Mago.

Por eso, ella es tu enemiga.

De la Duda nace el temor.

No puede el temor ingresar a los Dominios de la Magia, porque aquí se trabaja con Fuerzas y *ENTIDADES de otros planos de existencia*.

Este no es un curso de Magia Teórica, sino de Magia *Operativa*.

Se trabaja con FUERZAS VIVAS.

Si tú realizas aquello en lo que crees, *y si el temor te hace materializar una entidad negativa, ¿a quién atacará?*

Por eso, aquí se trabaja con *GUANTES BLANCOS*.

Como no se opera con las manos, ellos deben estar en la mente y en el corazón.

Sólo la Luz, el Bien, el Amor y la Bondad.

De otra manera, *retírate, por tu bien*.

Mejor te irá arrojándote a un nido de serpientes que introduciéndote en este mundo *sin la CERTEZA de la protección del Dios Amor*.

Porque tú tienes "conciencias laterales" llenas de maldad, aunque no te des cuenta.

Si así no fuera, *tu* mundo no sería como es.

Si así no fuera, ¿a qué temes? ¿no es a ti mismo, a tus propios demonios y monstruos internos?

En la medida que les temes, crees en ellos; *en esa medida EXISTEN*.

En este Camino sólo pueden operar los verdaderos fieles del Amor.

Y fiel significa no tener dioses ajenos.

Y significa que no hay más Dios que tú.

Allí no podría haber temor, sino CERTEZA.

LA CERTEZA NACE DE LA FE EN DIOS, de la Fidelidad al Amor.

Al Amor que eres tú mismo.

Porque tú eres expresión del Amor.

Entonces, de ahora en adelante el Primer Mandamiento se transformará para ti.

Porque acabas de ingresar al *"kinder"* de esta Escuela.

Repite en forma consciente:

"YO SOY EL AMOR".

Procura sentir cómo el Amor vibra en ti y remece todo tu ser.

Que sea *el Amor quien se exprese* a través de ti.

El Amor es Dios.

Y si tú eres el Amor, tú eres Dios.

Un Dios tan grande o pequeño *como tu conciencia de serlo.*

Mi conciencia de la Divinidad que Yo Soy está más arraigada en mí que en ti.

Yo puedo decir con CERTEZA:

"YO SOY EL AMOR".

Yo Soy un punto focal de la Conciencia Universal.

Y tú eres un punto focal de la Conciencia Universal.

Pero desde aquí la visión es más amplia que desde ti.

Yo tengo conciencia de muchos niveles de mi castillo.

Tú tienes conciencia de menos niveles de tu castillo.

Pero hubo un tiempo, más allá del tiempo, cuando tuviste conciencia de todo el castillo.

Cuando eras el Todo, el Amor Universal.

Desde otras "conciencias laterales" tuyas, continúas siendo el Dios Amor.

Porque TODO está en ti.

Tú eres el Maestro; tú el alumno.

Tú la Luz, tú la Lámpara.

Tu Padre y tú son UNO.

Todo Conocimiento está en ti.

Aprender significa, en realidad, *RECORDAR.*

Cuando aprendes (recuerdas) algo nuevo, es como si hubieras abierto la puerta de una nueva habitación de tu castillo.

Pero tú lo conocías entero, aunque estabas olvidado.

Tú construiste el castillo.

Yo no estoy fuera de ti.

Nadie está fuera de ti.

Yo sé cómo se hace para no morir. Tú también lo sabes, pero no lo recuerdas.

Ahora elegiste comenzar a recordar ciertas cosas; por eso estás en el Camino de la Magia.

¿Por qué olvidar, para luego recordar?

Lilah, estabas solo; quisiste jugar.

Conocer la noche para valorar tu Luz.

Para regocijarte un día con el Reencuentro.

Que tú seas Dios no significa que seas un gran egocéntrico.

Ego-céntrico es el ego; no la Conciencia Divina, que es Dios en ti.

La diferencia entre el ego y la Conciencia Divina consiste en que el ego es ficticio, ilusión, no tiene existencia real, porque no tiene Amor.

Y sólo el Amor es real.

El ego es un espejismo que parece real, pero sólo por cierto tiempo.

Tarde o temprano la Conciencia Divina toma su lugar dentro de ti.

El ego es mortal; la Conciencia Divina es inmortal, eterna, infinita e ilimitada.

El ego deja fuera de sí a todo lo demás, porque en el ego no hay Amor.

La Conciencia Divina abarca en sí a todos los demás seres y cosas en un abrazo de Amor.

Esa es la principal diferencia.

La Realidad de este universo es el Amor, por eso, el Amor es la Conciencia Divina, es Dios, eres tú, es TODO.

Es por eso que las lecciones anteriores, a través de muchos Mensajeros del Amor, fueron preparación para tu ingreso a un nivel más alto de *conciencia y existencia*.

Es lo mismo, porque *existimos al nivel de nuestra conciencia*.

Somos aquello que tenemos conciencia de ser.

Tu existencia es el producto de tu conciencia.

El espacio y el tiempo son modalidades de tu conciencia.

El universo debe ser como arcilla en tus manos.

Tú le darás la forma a tu universo personal, como siempre lo has hecho, pero ahora tu labor será consciente.

Al hablar de conciencia, ya no se trata de ego, porque sólo la conciencia es consciente.

El ego es inconsciente.

Si tu mente acepta que las leyes naturales son rígidas, inmutables e inflexibles, *tu Conciencia Divina no puede actuar más allá de las limitaciones que le pone tu mente*.

Si tu mente es rígida, el universo será inflexible para ti.

Pero las leyes naturales no son inflexibles; *tu mente lo es*.

Si tu mente es flexible, el universo se adaptará a tu voluntad y no te presentará obstáculos.

Porque *el universo y tu mente son la misma cosa*.

Tú eres aquello.

Tú la Luz, tú la Lámpara.

Dioses sois.

Tú eres el Amor.

Y NO ES METAFORA.

La Existencia Universal opera a través de ti, intenta recordarlo.

Sin ti, no existiría nada.

Pero es imposible que tú no existieras, porque tú eres el Amor en acción.

Por ti, por esos "sectores laterales" de tu conciencia existen las galaxias, el mar y los bosques.

Porque tú eres el Amor Universal.

Estoy intentando remecer, desbloquear tu Conciencia Divina.

Después podrás hacerlo tú mismo y superarás así tus limitaciones y obtendrás lo que desea tu Dios Interior.

Tus limitaciones están en tu mente.

"Se puede" todo lo que aceptes como posible.

Nadie te limita, excepto tú mismo.

¿Por qué no pides más?

¿Por qué no pides lo que realmente anhelas?

Sólo tú te limitas.

En ti está la medida de todas las cosas.

¡Alégrate! El universo no es como tú creías, es decir, algo rígido, inflexible, sólido e inmodificable, no.

Dios es mucho más imaginativo que eso.

Hay en El mucha más Magia y Fantasía de lo que habías supuesto.

El universo es Juego y Fantasía, Regalo de Amor.

Tú eres el Jugador y el Juego; el Regalo, el Obsequiante y el Obsequiado.

La capacidad de crear, la de hacer realidad las fantasías y la de obtener Poderes Divinos son muy elevados frutos del Amor.

Es por eso que este Camino comienza a partir del reconocimiento del Amor como Realidad Suprema en ti.

Una vez traspuesta esa Puerta se encuentran los más maravillosos frutos del Amor.

Ya conoces la Ley Fundamental.

Y ya has tenido un Encuentro con el Dios Amor.

Ahora comienzas a vislumbrar que el Amor eres tú.

Pero mientras el Amor te parezca una idea o un "principio mental", estás todavía *durmiendo profundo*.

Y no puede alguien que duerme practicar la Magia Blanca.

Para comenzar a transitar esta Senda es necesario haber recibido el Beso del Dios Amor, el que hace despertar al Mago Dormido.

Si eso no te ha ocurrido, todo esto será para ti teoría, información para el intelecto, y no *vibración viviente,* como en realidad es.

Séptima Lección

"YO SOY EL AMOR"

Si esa verdad impregnase tu conciencia hasta sus raíces, ella te situaría de inmediato en otro mundo.

Tu "tren" tomaría el "ramal dorado", el que conduce a un mundo fraternal, hermoso y pacífico.

Si tu conciencia comienza a remecerse cada vez más con el Beso del Amor, poco a poco irán desapareciendo de tu mundo la violencia, las guerras y todo lo que no es grato y benigno.

¿Existen en tu mundo las serpientes venenosas, las arañas y escorpiones?

Eso indica que albergas en ti "conciencias laterales" a ese bajo nivel, a esa lejanía del Amor.

Tú las aceptas; tú las padeces.

¿Puedes dormir con la puerta de calle abierta?

Vas bien. Otros no pueden hacerlo. Aceptan mundos más bajos que el tuyo.

Recuerda que la Biblia menciona un mundo en donde el niño juega en el nido del áspid, y nada le sucede.

¿Crees que para llegar allí necesitas un cohete espacial o un plato volador?

Toma las decisiones adecuadas y llegarás a él.

Acostúmbrate a creer *sólo en la realidad de tu conciencia*.

Todo lo que te ocurre, todo lo que contemplas es una proyección de tu mundo interior.

El mundo que vives es un reflejo de tu alma.

La situación que vives refleja tu interior.

Hay almas que se han creado duros aprendizajes, pero cuando se encuentran con el Amor, entonces ellas mismas dicen ¡BASTA!

¿Cuándo le vas a decir ¡BASTA! a tu infelicidad?

¿Cuándo vas a ser el Señor (o la Señora) de tu vida?

Nadie te ha obligado jamás a nada. Siempre has tenido la más absoluta y total libertad de elección.

Igual que en este momento.

Si estás donde estás y como estás es porque tú así lo has querido; *ha sido tu forma de aprender*… pero hay otras más rápidas y hermosas.

Tu vida y tu mundo son una elección tuya.

¿No puedes recordar eso?

No sabías que había otras formas de existir. Elegiste mal.
Pero todo se puede cambiar a cada instante.

Tienes sueños y anhelos secretos. Eso indica que tu Dios
está vivo en ti. Todavía no está completamente bloqueado
por dioses ajenos; por eso, te impulsa a buscar la felicidad
que El quiere para ti.

De otra manera no estaría este libro ante ti, no habrías
podido llegar hasta esta página o no habrías *comprendido*
nada.

Si has conseguido hacerlo sin perder la esperanza, no te
defraudaré.

Pero tengo que seguir bombardeando tu mente de tercera
dimensión *para que se abra una brecha que te conecte
con tu Conciencia Divina.*

Sin ella, no hay Magia.

Como te dijeron antes, "DIOSES SOIS".

En singular queda todavía mejor:

"ERES DIOS".

Mientras esa Conciencia no esté firme en tu mente, no hay
Magia.

Porque la Magia es para los Dioses.

Para Dios, que eres tú.

Este libro estaba en tu futuro; tú lo elegiste. Arreglaste todo en forma tal que llegara a tus manos en el momento de comenzar a activar tu Conciencia Divina.

Con una "conciencia lateral" tuya, situada más allá del tiempo. De allí planificaste todo.

Tú lo escribiste, porque *este libro es la obra de cierto nivel de Conciencia*.

Ahora me ves como exterior a ti, pero yo soy tú y tú eres yo.

Más que un ser, considérame un nivel de conciencia que debes alcanzar.

¿Puedes ya identificar mi vibración?

Cada nivel de conciencia es un nivel vibratorio...

Pero también soy una Presencia en tu interior.

Aunque ahora sea una "conciencia lateral" tuya muy elevada.

Estoy tratando de que me actives, que me mantengas dentro de ti, incluso cuando vas por la calle o estás en problemas; no sólo cuando lees este libro.

Cuando *tú mismo te pongas obstáculos probatorios*, no olvides recordarme.

Quiero dejar de ser "conciencia lateral" tuya y convertirme en tu Conciencia Despierta.

Comienza por recordar lo que realmente quieres.

¿Vengarte de alguien; castigar a una persona?

Ese es tu ego herido, es un dios ajeno.

El Dios Interior no puede ser herido.

Es capaz de comprenderlo todo y soportarlo todo.

No encuentra "culpables". Todos son sus hijos y hermanos. No tiene enemigos.

Si los demás logran herirte, *no es a ti a quien hieren*, sino a tu ego.

Quien busca castigo y venganza es el ego, pero tú no eres tu ego.

La mente, malinformada por el ego, es también capaz de muchas realizaciones. Así se ejecuta la magia negra.

Quien inspira no es el Ser Real, sino el ego, y como el ego no tiene existencia real, no hay nadie real para disfrutar los logros de la magia negra.

Además, la Ley es implacable: *aquello que tú hagas, eso recibirás, sea bueno, sea cruel.*

Y mejor mataras a hierro que utilizar el Conocimiento para el mal…

Porque a quien mucho se le ha dado, más le será exigido a cambio.

Más se castiga a un adulto que a un niño por el mismo destrozo. A mayor conciencia, mayor responsabilidad.

Falta imaginación y sensatez, porque en la tercera dimensión de conciencia la mayoría elige un latigazo, en lugar de un Palacio Espiritual o, *inclusive, un palacio material*...

De cada tres, uno pide un pescado; el resto pide un escorpión...

De cada mil que pidió un pescado, uno pide el Pez Mágico...

Con la Magia Blanca todos ganan, todos.

Porque es la obra del Amor.

Y porque "todos" están en ti.

Vivir en la mediocridad, cuando no es necesario, *eso es también una especie de magia negra que tú mismo te haces.*

Tus dioses ajenos te tienen convencido de que está bien que sufras.

Pero Dios no quiere sufrimiento para ti.

Dios quiere que tú consigas dicha, Poder, éxito, abundancia, alegría, armonía interior, salud y Amor. Si eres Decente, ese es tu Salario Justo.

Y si no has alcanzado esos frutos del Amor, no está activa en ti tu Conciencia Divina, sino tu mente, limitada por tu ignorancia.

La realidad de un lobo no es tu realidad. Un lobo no puede ser consciente de las dimensiones superiores del Amor.

Por eso vive una vida de lobo; necesita dientes y garras para sobrevivir, debe matar para vivir.

El Mago sólo DECRETA para obtener lo que necesita.

Para el lobo no existen el arte, la belleza ni la espiritualidad, mucho menos, la Magia.

Hay hombres que viven como lobos; necesitan dientes y garras, deben usar corazas protectoras. Sus vidas son lucha cruel por la sobrevivencia.

El Mago sustituye dientes, garras y corazas por sus Poderes Divinos.

Garra, colmillo y coraza aparecen allí donde el Amor está muy lejos.

Así también acontece con las armas.

En los mundos de quienes viven más cerca del Amor, no hay armas.

Si vives un poco acechado por armas y lobos, supera la violencia que hay en ti y ellos desaparecerán de tu mundo personal.

Si tú progresas interiormente, en tu mundo disminuye la guerra.

Si tú retrocedes, la guerra acechará a tu humanidad.

Lo mismo ocurre con la delincuencia y la deshonestidad que te rodea.

Y también con las pestes y plagas de tu mundo personal.

Para la gran mayoría, Dios no existe o se encuentra "allá arriba".

Pero para que este libro llegue a una persona que aproveche su contenido es necesario que esa persona haya recorrido mucho camino.

En caso contrario lo mirará como "un libro más".

No podrá comprender o creer esta Enseñanza; mucho menos, practicarla.

A este nivel, lo primero debe ser abrir tu mente a la Realidad: no hay más Dios que tú mismo, porque tú eres el Amor.

Por esa aceptación comienza la Magia Operativa.

Aceptar que tú eres Dios es algo que al principio requiere de tu fe.

Después, esa fe se transforma en CERTEZA. Allí es cuando puedes comenzar a hacer "milagros".

Pero, repito, en esta Escuela Etérica hay que utilizar GUANTES BLANCOS.

Cada duda, cada espina tuya a lo que este Camino representa para ti queda archivada como una mancha en el Registro Total de tu mundo interno.

Aquí se trabaja con la mente. Allí debemos observar la máxima pulcritud.

Si tu mente ordinaria te impulsaba a hacer, pensar o decir cosas contrarias a la pulcritud y no sucedía nada grave, *ahora las cosas han cambiado para ti*.

Ahora tu Mente Superior comienza a abrirse, por lo tanto, *tus poderes comienzan a activarse*, aunque todavía no te des cuenta.

Ahora tus pensamientos, acciones, sentimientos y palabras *están revestidas de un PODER MAGICO*.

Ahora, según cómo lo utilices, *inmediatamente* recibirás la reacción, de acuerdo a la Ley del Amor.

Vigílate, porque ahora tienes una capacidad mayor para crearte lo que piensas o para creárselo a los demás.

Vigila muy bien tus palabras y tu corazón cuando trates con ellos.

Porque ahora puedes dañar más fácilmente. Entonces tu salario será más doloroso.

Es normal que a estas alturas de la Enseñanza algunos alumnos comiencen a padecer incluso más que antes.

Claro, tienen una cuota mayor de Poder, pero no saben vigilarse para no actuar indecentemente; no dejan de lado sus viejos cuchillos y ganzúas.

Y la Ley del Karma opera inmediatamente.

Si estás pasando por una situación negativa, recuerda a quién le hiciste algo parecido estos últimos días.

Entonces utiliza tu Poder Creador para enmendar el error.

Que tu mente no genere ningún pensamiento negro, *ninguna fuerza negativa para nadie*.

Que tus palabras sean sólo bendición para los demás y que tus actos sean limpios y claros.

No te permitas emitir malas opiniones por detrás ni engañar a nadie.

No creo que sea necesario recordarte que mentir, falsear y tomar lo ajeno es indigno de Personas Decentes, al igual que la violencia, la envidia y la mezquindad.

Si dudas de alguien, *tu "tren" ingresa al "ramal" en donde esa persona es justamente como piensas*... pero tú también te pusiste un poco así...

Recuerda que no hay una sola realidad ni un sólo tú ni un sólo los demás.

En cada persona están todas las posibilidades, desde el malvado al santo, de instante en instante.

Busca ingresar por donde te encontrarás con el "bueno" de cada cual. Pero sólo el "bueno" tuyo puede llegar allí...

Hay caminos por los cuales sólo te ocurren desgracias. Tú ingresas por ellos cada vez que hay en ti faltas de Decencia.

Busca transformarte en una persona confiable, honesta, Decente.

El que busca, encuentra lo que busca y se transforma en lo que busca.

No hay una sola realidad, pero si eres una persona doble, tu universo será doble.

Porque *cada cual vive en el universo que es capaz de imaginar*.

En lugar de imaginar que los demás te hacen malas cosas, sal de ese mundo e ingresa a otro en el que ellos te aman, porque ese mundo existe.

Pero ámalos tú a ellos primero, porque todo es causa y efecto.

Inúndalos de Luz en tus pensamientos, ora por ellos, bendícelos y ayúdalos en sus problemas.

Y sobre todo, sé honesto con ellos.

Si mucho te cuesta con ciertas personas, tienes allí un ego muy duro.

Trabaja fuerte contra esa aspereza tuya.

Que tus Guantes estén Blancos.

Si estás en esta Escuela y **_no te riges por el Amor_** y utilizas el Poder, menos sufrimiento recibirás si no ingresas a esta Escuela.

Es cosa de elección: o el Amor o el sufrimiento.

Y en esta Escuela las fuerzas se intensifican, tanto la del Amor como la que es capaz de causar sufrimiento.

Vigílate, deja de lado la vieja mente con todas sus espinas y engaños hacia los demás.

Abandona a tu cruel juez interior y al deshonesto que habita en ti.

Esta es una **_Escuela del Amor_**.

Los Seres que desde otros planos te asisten, son todos servidores del Amor.

Las espinas que tú albergas contra tus hermanos nos duelen a nosotros mismos, porque nosotros los amamos tanto como a ti.

Nosotros vemos otras dimensiones de ellos que tú no has querido observar.

Y también vemos partes tuyas no tan cristalinas como te gusta creer...

En cambio tú ves sólo luz en ti y negrura en los demás.

Si estás dispuesto a purificar tu corazón, a perdonar y a ser más honesto, entonces puedes pasar a un nivel más avanzado.

Pasillo hacia el Tercer Umbral

¡Hola! Me alegro de poder continuar guiándote. Bien, vamos.

¿Qué dices? ¿que te parece extraño que yo trabaje aquí, teniendo defectos?

¿Qué defectos?… Yo me gané el puesto de Guía *por estricta selección*.

Cuando me presenté al concurso de admisión, *gané el trabajo*.

("Claro que no se presentó nadie más". Dicen que hay una escasez bárbara de personal calificado para estos oficios.)

Será por eso que estos lugares son más bien solitarios… Continuemos.

Detrás de esa puerta que ves adelante se efectúan muy elevados trabajos en Magia Blanca. No es fácil ingresar allí, pero trataremos.

¡TOC, TOC, TOC!

¡QUIEN OSA INTERRUMPIR NUESTROS TRABAJOS SECRETOS!

(No te asustes por ese sonido de espadas desenvainadas.
No digas nada.)

—¡El Guía de este Templo se encuentra a las puertas del
Tercer Umbral con un aspirante al Conocimiento en busca
de la Luz!

¡Y CON QUE DERECHO SE ATREVE A LLEGAR
HASTA ESTE AVANZADO Y SECRETO UMBRAL;
CON QUE AUTORIDAD MORAL!

—¡Es un alma que ama la Libertad y que actúa conforme
al Amor!

¡SI SE EMPECINA EN INGRESAR, ADVERTIDLE QUE
AQUI DEBERA SUFRIR PRUEBAS TERRIBLES, QUE
PUEDEN COSTARLE LA VIDA Y QUE EN NINGUN
CASO PODRA VOLVER ATRAS, PERO QUE TODAVIA
PUEDE RETIRARSE!

(Es verdad. Allí adentro no te espera nada agradable. Eso
puede costarte la vida, y no es broma. ¿Todavía quieres
continuar?)

(Bien. Es tu decisión. Yo me lavo las manos... ¿Realmente
quieres ingresar?)

(Pero... pero... ¿inclusive al precio de tu vida?...)

(Piénsalo MUY BIEN, porque esto puede significar TU
MUERTE.)

...   .

—¡Es un alma que busca la Luz; ni la muerte la podrá
detener!

170

¡ADVERTIDLE QUE POR ESTE CAMINO DEBERA TOMAR CONTACTO REAL CON SERES QUE NO PERTENECEN AL MUNDO MATERIAL!

(Creo que el Venerable te lo advirtió, y no es juego. ¿Quieres todavía continuar?)

(Bien.)

—¡Ni el temor a las criaturas de los planos etéricos podrá detener a esta alma en su senda hacia la Luz!

¡SI ES ASI, QUE DEMUESTRE QUE ACTUA CONFORME AL AMOR; QUE MUESTRE SUS OBRAS DE SERVICIO A LA HUMANIDAD!

(Dime qué has hecho para ayudar a la humanidad.)

—¡Esta alma ha ayudado mucho a su familia!

¡MAS QUE LA PROPIA FAMILIA ES LA HUMANIDAD!

(No están conformes contigo. Dime qué más has hecho.)

—¡Esta alma ha servido bien a su país!

¡MAS QUE EL PROPIO PAIS ES LA HUMANIDAD!

(Tampoco resultó. Dime qué más.)

—¡Esta alma ha sido caritativa!

¡MAS QUE DAR LIMOSNA ES SERVIR A LA HUMANIDAD!

(Vaya, parece que no podrás continuar. Dime qué otras buenas cosas has hecho.)

—¡Esta alma ha ayudado mucho a su religión!

¡MAS QUE LA PROPIA RELIGION ES LA HUMANIDAD!

(En este Umbral son muy exigentes y selectivos. Busca alguna otra cosa que los convenza.)

—¡Esta alma ha sido muy leal a sus creencias!

¡MAS QUE LAS PROPIAS CREENCIAS ES LA HUMANIDAD!

(Vamos muy mal. ¿No tendrás algo más? Recuerda.)

—¡Esta alma ha buscado siempre su Salvación!

¡MAS QUE LA PROPIA SALVACION ES LA HUMANIDAD!

(No tuvimos éxito. Pediré una última oportunidad para ti.)

—¡Esta alma está dispuesta a servir a la humanidad si se le indica cómo hacerlo!

...   .

(Están deliberando. ¿Escuchas los susurros de voces? Están mirándote desde muy alto. Escudriñan tu hoja personal, tu pasado y tus posibilidades de transformarte en un elevado miembro de la Hermandad Blanca.)

(Shhh. Ahí viene el Guardián del Umbral.)

¡EL MAS NECESARIO SERVICIO A LA HUMANIDAD
CONSISTE EN CONTRIBUIR EN LA CONCIENCIA DE
HERMANDAD, DE PAZ, DE UNIDAD Y DE AMOR
ENTRE TODOS LOS SERES, PUEBLOS, RAZAS Y
CREDOS!

—¡Eso es lo que hará esta alma, hermano Guardián del
Tercer Umbral!

¡SI ES ASI, QUE INGRESE, PERO QUE LO HAGA
CON LOS OJOS VENDADOS!

(Perdona que te ponga esta negra venda sobre los ojos…
ya. Vamos.)

¡CHIIIIRRRRRIIIIIiiiii!

(Camina tomado de mi mano. Avanza.)

¡iiiiiIIIIIRRRRRRIIIIIHC! ¡PLAM!

(Hemos ingresado. Pobrecito, lo que te espera…)

Tercer Umbral

(Camina por aquí, doblemos por acá, ahora avanza, sigue por este lado, detente aquí. Vamos a amarrar tus manos y piernas. No digas nada... Ahora te acostaremos en este asunto...puf, cómo pesas. Quédate ahí.)

(¡Silencio! No tienes derecho a decir nada. Tú aceptaste venir aquí...)

¡HACED LA CADENA DE LA MUERTE, HERMANOS!

(Shhh. Dijiste que estabas dispuesto a morir. Ahora, calla.)

¡DESENVAINAD VUESTRAS ESPADAS!

(Claro que no son de juguete. ¿No escuchaste los ruidos metálicos?)

¡EL ASPIRANTE DEBE MORIR! ¡QUE PEDIS PARA ESTE CUERPO, HERMANOS!

¡¡¡LA MUERTE!!!

175

(¡Deja de temblar! Alguna vez tenía que llegar este momento, ¿no?... Además, tú sabes que hay que morir para volver a nacer...)

(Esas espadas que sientes sobre tu corazón están cargadas de energías capaces de disolver tus impurezas. Siéntelas.)

(Tu ego se retuerce hasta morir.)

(Ahora sólo queda en ti esa parte tuya que sólo quiere servir, hacer el bien.)

—¡Un Hombre (o una Mujer) ha nacido!

¡¿AL SERVICIO DE QUIEN VIVIRA?!

—¡Al servicio de la Humanidad!

¡SI ES ASI, QUE VIVA!

¡¡¡QUE VIVA!!!

¡PERO SI TRAICIONARE A ESTA HERMANDAD O A LA HUMANIDAD SERA BUSCADO Y MUERTO!

¡QUE CONTINUE SU CAMINO HACIA UNA NUEVA VIDA!

¡ENVAINAD VUESTRAS ESPADAS, HERMANOS. DADLE PASO A UNO DE NOSOTROS AL INTERIOR DE LAS CAMARAS SECRETAS!

(Te felicito. Ahora déjame desatar estas cuerdas... Ya.)

(No, la venda no puedo soltarla todavía. Ponte de pie.)

176

(Vamos, avanza, levanta un pie, ahora el otro, bien, camina hacia acá.)

(Siente el nuevo abrazo de quienes te rodeamos.)

(Saldremos por esta otra puerta hacia un pasillo.)

¡iiiiiIIIIIRRRRRIIIIIHC! ¡PLAM!

Ahora sí que puedo soltar esta venda... ¡Qué pálido estás!

¡Claro que no estás muerto! Pero muerto de miedo sí que estuviste... (ji, ji.)

Ahora ingresarás a las Cámaras Secretas. Allí recibirás lecciones muy ocultas. Aquí hay que tener mucho coraje, amigo.

Tu Venerable Maestro será el mismo joven anterior. Dijo que le caíste bien y que quiere continuar contigo.

Tuviste suerte, porque hay algunos Venerables que tienen sistemas de Enseñanza bastante "curiosos"... En cambio éste es muy soportable.

¿Qué dices; que todavía no aceptas que cada uno se elija su destino ni que cada uno viva una "película" diferente?

¿Que John Lennon no pudo haberse elegido ese destino?

¿Cuál destino? ¿A qué te refieres; a su fama?

¡¡¡Lo mataron!!!   ¡¡¡¿¿¿Cuándo???!!!

¿En 1980? Mmmm... Ah, ya comprendo. Eso fue *en tu* mundo personal.

En el mío, acaba de grabar "Let's fight with cannons of love". Exito mundial... let's fight, let's fight ¡yea! with cannons of love ¡yea!...*

... Ejem ... Perdón. Bien. La puerta de las Cámaras Secretas está abierta.

Allá recibirás Conocimiento "del grueso"...

Que tengas muy buena suerte.

Chao.

* Combatamos con cañones de amor.

178

Primera Cámara Secreta

Bien, hermana o hermano, ojalá haya sido muy limpio tu Camino que te trajo hasta el interior de este Templo, porque si así no ha sido, NO ESTAS EN EL...

Vamos ahora con lecciones de otro calibre.

Acostúmbrate a hablar de VIBRACIONES o ENERGIAS, porque todo irradia una FUERZA, desde una figura hasta un árbol, desde un ser humano hasta una estrella.

Un pensamiento es una ENERGIA, una creencia es una ENERGIA, un deseo es una ENERGIA, una duda es una ENERGIA.

¿Te das cuenta?

Este libro es una energía, una decisión es una energía, una teoría es una energía, una palabra es una energía, una idea es una energía.

Toma mucha conciencia de lo que estás leyendo. Todas esas energías inducen en ti *su clase de energía*.

Una canción es una energía, una enfermedad es una energía, un color es una energía, una persona es una energía y los seres que pueblan tu mundo, *material o mental*, son energías.

No pierdas de vista el tipo de energía que te irradia este libro; ella viene desde más allá de él y de quien lo escribió.

Todos los seres existen. Si son capaces de irradiar algún tipo de energía, EXISTEN, aunque no parezcan tener vida como la tuya.

Peter Pan, Blancanieves y Caperucita EXISTEN.

Procura captar la energía particular de cada uno de ellos.

Las sensaciones que provocan en ti revelan el tipo de energías que transmiten.

Existen Jesús, Saint Germain, Kut Humi, Sanat Kumara, la Virgen, Krishna, San Antonio, Buda, Mahoma y San Miguel. También Ami...

Percibe el tipo de energía que cada uno de ellos transmite.

Existen todos los seres que irradian una energía y la provocan en otros.

Todo vibra e irradia una energía.

Es cierto que a un budista, por ejemplo, Jesús no le producirá el mismo tipo de energía que le produce a un cristiano.

Y que entre varios cristianos, cada uno de ellos puede percibir diferentes tipos de energía de parte de Jesús.

180

Esto sucede porque *no hay una realidad única*.

Así, igual que Dios es para nosotros como lo imaginamos, así también los seres externos a nosotros nos parece que son como los imaginamos.

Puede que en un momento un personaje produzca cierta sensación en ti, pero que en otra ocasión produzca otra distinta.

Pero, en definitiva, todo nos produce algún tipo de energía.

Por eso, el Mago comienza a seleccionar las energías que le ayudarán a conseguir sus objetivos dictados por Dios.

Selecciona sus colores apropiados, su ambiente, su ropa, sus aromas, sus amistades, sus libros, sus guías y sus propias creencias y deseos.

No ve cualquier película, sino aquellas que le servirán.

Como sabe que los pensamientos son energías, *selecciona los suyos muy cuidadosamente*.

Para ello debe estar siempre atento a sí mismo.

Comienza a transformarse en un Centro Emisor y Receptor de la clase de energías que le interesan.

Los alimentos son distintos tipos de energías.

El Mago selecciona los suyos.

No ignora que el hecho de consumir carne le hace en parte vivir en un mundo en el cual existe la muerte.

No se hace cómplice de esa violación a la Ley Universal del Amor, porque *no está dispuesto a sufrir las consecuencias*.

Como no mata para vivir, puede aspirar a no morir...

Aprende a descubrir, mediante una atenta observación sobre sí, qué clase de energía le entrega cada alimento.

Pero lo que es bueno para uno, podría no serlo para otro.

Por eso, difícilmente el Mago acepta "recetas" ajenas.

No hay "fórmulas" universales.

Salvo no faltar al Amor.

Haz todo aquello que incremente tu Poder Mágico.

No hagas nada que lo disminuya.

Hay quienes deben abstenerse de ciertas cosas.

Hay quienes no deben abstenerse de ciertas cosas.

El brujo se rodea de energías de la oscuridad.

El Mago se rodea de energías de la Luz.

El Mago y el brujo tienen ALIADOS.

Los aliados del brujo son las entidades de la oscuridad y del mal.

Los aliados del Mago son las Entidades de la Luz y del Amor.

Entre las Entidades de la Luz, selecciona aquellas que están en mayor armonía con sus objetivos.

El Mago y el brujo saben que *la POSESION es un fenómeno REAL.*

El hombre de la calle piensa que esas cosas son imaginación, pero no comprende nada acerca de las *fuerzas que se activan con la imaginación.*

El Mago y el brujo se dejan POSESIONAR por aquellas FUERZAS que les ayudarán a conseguir sus objetivos.

Si el estudiante no está bien protegido por las FUERZAS DE LA LUZ, cualquier entidad negativa podría hacerle un daño terrible.

Esto no es juego. Se te advirtió antes de que llegaras hasta aquí.

Ahora que abriste los ojos, es muy difícil que puedas volver atrás.

Pero no te pre-ocupes, si trabajas con los Seres de Luz, nada negativo podrá sucederte.

Continúa leyendo, porque más adelante vienen formas de protegerse.

El Mago puede invocar Entidades preexistentes o también PUEDE CREAR ENTIDADES NUEVAS.

El Mago es Dios en Acción. *Dios imagina y hace real aquello que imagina. El Mago hace lo mismo.*

El Mago sabe que si eleva su frecuencia mental atraerá o creará el tipo de ENTIDAD o FUERZA acorde con sus vibraciones mentales.

Cuando el Mago está despierto, trabaja. Cuando el Mago se va a dormir comienza su trabajo más intenso.

Para poder operar con EFICACIA en la Magia Práctica es necesario dejar de lado la mente del tercer nivel, en el que sólo lo "objetivo" es real.

Con ese tipo de mente no se puede lograr nada a través de la Magia.

En Magia Práctica TODO AQUELLO QUE SE ELIJA ES OBJETIVO Y REAL.

El Mago sabe que tiene otros cuerpos, aparte del cuerpo material.

El Mago (y también el brujo) puede proyectar su segundo cuerpo hacia donde desee.

En el nivel más básico de ese ejercicio puede ver y escuchar lo que ocurre en otros lugares, pero no puede ser visto ni escuchado.

En un nivel más alto puede además ser visto y escuchado en esos lugares, pero no puede manipular objetos.

En un nivel superior puede actuar como una persona normal en otros lugares, *porque puede dar MATERIALIDAD a su segundo cuerpo*.

Hay niveles todavía más elevados, pero esos trabajos los realiza con sus cuerpos más sutiles.

184

Es con esos cuerpos que se puede ingresar a los verdaderos Templos de este tipo de Escuelas.

De la cuarta dimensión de conciencia en adelante.

La realización de los deseos del candidato a Mago es algo bastante vulgar, comparado con los verdaderos logros que deberá realizar más adelante, *pero la capacidad de realización de sus deseos básicos indicará que puede continuar más hacia arriba.*

Si no puede realizar sus deseos básicos, no podrá avanzar más, hasta que los realice o descubra que no eran sus verdaderos deseos.

Entonces deberá realizar los verdaderos.

Una persona que no es capaz de ganarse la vida en forma honorable y decente, todavía no practica bien la Magia.

El Mago busca la forma de solucionar sus necesidades materiales sin perder Libertad y sin hacer daño, *directa o indirectamente.*

Y sin perder tiempo.

Un buen Mago utiliza un pequeño tiempo para el sustento, y casi todo el resto de su tiempo para su trabajo espiritual, que consiste en servir a la humanidad.

Quien tiene que dedicar un gran tiempo al sustento y un pequeño tiempo al servicio, no es todavía un gran avanzado.

El Mago es un ser espiritual que vive de su trabajo y para su trabajo, el que es voluntario.

Los menos avanzados viven en dos mundos, en el de su trabajo material, que les suele consumir mucho tiempo, y en el intento de avance interior, para el cual no tienen tanto tiempo.

Todo ello es señal de escaso avance, porque *las oportunidades para estructurarse una vida "a la propia medida" están al alcance de todos aquellos que tengan CERTEZA.*

Nadie está "por casualidad", por "suerte" o "mala suerte" donde está.

Cada cual eligió su destino, desde su Conciencia o desde su inconciencia.

El Mago no vive para las opiniones ajenas. El es su propio Dios y consigo mismo se entiende; ante él mismo se rinde cuentas, porque está en sintonía con Dios.

El Mago no establece "compromisos" con nadie que esté bajo su nivel de conciencia, sin embargo, a todos ama y ayuda a su manera.

El Mago puede utilizar el disfraz que prefiera para desempeñar su labor. Siempre se las arregla para que lo dejen trabajar tranquilo.

Hay lobos disfrazados de ovejas, pero *también hay ovejas disfrazadas de lobo*... aprenden a hablar "en lobo".

Bueno, también los lobos necesitan ayuda, pero no hablan "en oveja"...

Un Mago suele ser impredecible, porque aquel que es demasiado predecible es manipulable.

186

Todas estas cosas las hace el Mago para tener más Libertad para su labor de servicio, que no está dirigida a unos pocos.

Si el trabajo del Mago resulta bien, no puede vanagloriarse, porque sabe que sus obras no son suyas, sino de Dios.

Cuando el Mago ha realizado un buen trabajo, muy pocos comprenderán que fue él quien lo hizo, o que a través suyo se hizo.

Pero si en el mundo no hubiesen algunos Magos, la humanidad perdería el juicio en pocas horas.

Porque el Mago es el motor de la evolución de la humanidad.

Tampoco en este caso el mérito es suyo, porque él es un simple canal de Dios.

No es fácil ver a un Mago envuelto en las "hipnosis colectivas" que seducen a las masas.

A menos que cierto trabajo le exija estar "hipnotizado" por un tiempo.

En general, el verdadero Mago no es el "bonachón" que la mente del tercer nivel siempre espera encontrar.

Porque, *aquello que "se espera" no puede enseñar nada nuevo*.

Aquello que "se espera" es conocido, y lo conocido no trae nada nuevo.

Sólo aquello que es inesperado puede enseñar algo nuevo.

El resto es continuar profundizando las huellas de milenios.

La mente de milenios.

Esta Escuela es para romper esa vieja mente y para que de esas ruinas nazca El Mesías en ti, el Hombre Dios.

Siempre *esperaste* que se te prohibiera desear cosas de este mundo.

Ahora, si no eres capaz de obtener esas cosas de este mundo, no podrás obtener tampoco las que no son de este mundo.

Demuestra primero que la materia te obedece.

Que has dominado el mundo material.

Que la riqueza no doblega tu Espíritu.

Si jamás te ves enfrentado a ese peligro, ¿cómo demostrarás que le puedes vencer?

¿Huyendo de él?...

Quiéraslo o no, alguna vez te tocará enfrentar esas situaciones.

Disponer del Poder para ver cómo actúas con él.

Tú mismo quieres verte en esa lucha.

Por eso estás aquí.

A ver si logras hacer pasar un camello por el ojo de una aguja.

Tal vez con tus Poderes logres materializar una aguja de cinco metros...

El Poder corrompe, es cierto, *pero sólo a los corruptibles*.

¿Cómo vas a saber si eres o no corruptible?

¿No teniendo jamás el Poder en tus manos?

Algunos lo tienen y no se corrompen.

Te diré algo: ¿sabes por qué no tienes todavía el Poder?

Porque siempre le has temido.

Porque siempre supiste que no habrías sido capaz de *controlar* a tan temible FUERZA.

Y te hubiera llevado por caminos de perdición.

Estuviste huyéndole como al demonio.

Y culpando al destino por tu debilidad...

Pero ahora conoces qué significa el Amor.

Y si El es tu Dios, no podrás extraviarte.

Pero eso habrá que COMPROBARLO.

Vamos a ver qué haces con el Poder en tus manos.

¿Servir al Amor?

Lo veremos.

En el campo de batalla se prueban los soldados.

La única forma de probarte es *con el Poder en tus manos*.

¿Lo pides; lo quieres?

¡Sea!

Segunda Cámara Secreta

Segundo Mandamiento de la Magia.

Exodo, capítulo 20, versículo 4.

Resumen: "NO TE REPRESENTES A DIOS MEDIANTE IMAGENES".

Dios es una FUERZA, una ENERGIA.

SIENTELA EN TI.

VIVELA EN TUS CELULAS, EN TU ALMA.

La CERTEZA de esa FUERZA en ti es el PODER.

Nada más que eso.

Nada más.

Pero si tú confías en una estampita, en un amuleto o en un objeto material de cualquier tipo, ¿qué vas a hacer si se te pierde el objeto?

Si eres amigo de ese tipo de cosas, no es para ti este Camino.

No se puede faltar a los Mandamientos y ser un Mago Blanco.

O lo uno, o lo otro.

Creer en figuritas no es maldad, pero te hace dudar de tu propia Divinidad y confiar en objetos ajenos a ti mismo.

Si tienes una figura cualquiera y le rezas y le pides con gran devoción y fe, puede que te resulte el pedido.

Lo que ignoras es que tu CERTEZA la pusiste en esa figura, y que la imagen fue un apoyo.

Pero, en definitiva, como siempre, TU MISMO desencadenaste la FUERZA necesaria para obtener lo que querías.

Fue tu propia FUERZA.

La FUERZA DIVINA que hay en ti.

Ese tipo de cosas no son "pecado", pero esta es una Escuela de Magia.

En la tercera dimensión de conciencia es así como se suelen hacer estas cosas.

Pero en la cuarta se trata de hacerlas tal como son.

Por otro lado, si eres fiel al Primer Mandamiento no puedes poner por delante de tu Dios Interior una figurita cualquiera.

Además, mucha más FUERZA vas a desencadenar si actúas desde la AUTORIDAD DE TU MUNDO, que eres tú mismo, que considerándote inferior a un objeto material.

Lo cual sería faltar al Primer y al Segundo Mandamiento.

Si no has leído Exodo 20:4, es hora de que vayas y lo hagas.

¿Sabes qué tienen esas personas que atienden pacientes y sanan y son "milagrosas"? (las hay en Medicina tradicional también).

Tienen algunos conocimientos y apoyos, *pero sobre todo tienen CERTEZA.*

Entregan CERTEZA, con ella sanan.

Por su CERTEZA se hacen pagar o no.

Si trabajan por el lado Blanco, merecen que se les ayude, porque ese tipo de CERTEZA es una FUERZA muy escasa en el mundo de la tercera dimensión de conciencia.

Tienen CERTEZA de que el paciente sanará, y el paciente obedece.

Activan las Fuerzas Sanadoras del propio paciente.

¿Sugestión, hipnosis?

Algo así, PERO TODO ES ASI.

"No se puede", es una sugestión.

"Sí se puede", también lo es, pero en este caso se trata de algo verdadero.

"No se puede" es una sugestión que no es verdad, pero que se toma por verdad.

"Sí se puede" es una "sugestión" que es verdadera.

Sin embargo, qué fácil se acepta la mentira y qué difícilmente se acepta la Verdad.

Pero aquello que se acepte como real *se hace real.*

La mente crea aquello en lo que cree.

Porque CREER Y CREAR son frutos del mismo Arbol.

CREER, CREAR, ELEGIR y ACEPTAR son cosas muy parecidas.

Cuatro Poderes que son Uno.

Además, tienes un Poder Divino que utilizas bastante poco y mal:

IMAGINAR.

Imagina que tu paciente se sana, *elige creer* que sana, *acepta* que sana, ello *creará* la salud de tu paciente.

Pero debes hacerlo con FUERZA. Debes PRONUNCIAR PALABRAS adecuadas...

Con la FUERZA de Dios fluyendo desde tu ser. Tu CERTEZA la libera.

Tu FUERZA será tan grande como tu CERTEZA.

Y tu CERTEZA, tan grande como tu FIDELIDAD y tu FE.

Eso es la síntesis de la Magia Blanca.

El resto, algunas prácticas, apoyos para que la Conciencia Divina se libere; algo permitido sólo a los Aprendices.

Pero si tuvieras CERTEZA, te bastaría con ORDENAR, DECRETAR, DARLO POR HECHO.

Vamos con algunos apoyos para ti, que eres un principiante.

Tu mente puede dar paso o crear energías de cualquier tipo.

Las energías que la mente irradia impregnan la materia.

Las "casas cargadas" están impregnadas de energías negativas.

Los lugares devocionales, los templos y santuarios están impregnados de energías positivas.

Algunas personas irradian negativismo; otras, positivismo.

Hay objetos "cargados" con energías de cualquier tipo.

El agua es muy absorbente de energías mentales.

Si quieres fabricar un elixir maravilloso, toma una botella de vidrio o cristal transparente, llénala de agua y ponle un tapón.

Irradia el agua con energía mental positiva.

¿Cómo se hace?

Simplemente imagina y pronuncia que las Fuerzas de Dios fluyen a través de ti y que se acumulan en el agua, *siéntelas fluyendo de tus manos.*

Luego, cubre la botella con un paño blanco de material natural. Así se protegerá de energías negativas.

Como todo en Magia, *no cuentes a nadie lo que haces.*

Puedes imaginar el tipo de Energía que quieres obtener.

Una botella de Agua Rejuvenecedora, otra botella de Agua Sanadora y todos los juegos que quieras jugar.

Si son hermosos y benignos provienen de Dios.

Para protegerte de males, no olvides que por sugestión comienza todo.

En primer lugar, *no aceptes una sugestión negativa.*

Si en tu familia han muerto varios del corazón, estás muy sugestionado con la idea de padecer el mismo fin.

Y como el temor es una CERTEZA negativa capaz de REALIZAR aquello que se teme...

Imagina que tu corazón es firme, sano y vigoroso.

Repite: "DE MI FAMILIA, YO SOY UNA EXCEPCION, PORQUE MI CORAZON ES SANO".

Es tan poderosa la Fuerza de la Imaginación, que tú eres como imaginas; *imaginas ser como eres...*

Tienes la SUGESTION de ser lo que eres.

¿Estás sugestionado con tener alguna "fuerza negativa", algún defecto de carácter o personalidad?

RECHAZALO, OLVIDALO PARA SIEMPRE.

Tal vez te "hipnotizaron" cuando niño, te sugestionaron, aceptaste esa tontería y *crees* que es verdad.

Bueno, ahora se hace verdad, pero sólo porque estás sugestionado.

REPROGRAMATE, "RESUGESTIONATE" con imágenes positivas y convenientes acerca de tu personalidad y de tu carácter.

Y "el defecto" desaparecerá para siempre.

Si existió fue porque lo aceptaste, nada más.

Por eso, cuidado con lo que les *dices* a tus hijos y a tus amistades.

Convéncelos de que son agradables, simpáticos, tienen suerte, "estrella", belleza y bondad.

Así les estarás creando una nueva realidad.

También puedes usar esa fuerza para hacer daño, pero ten por seguro que la ESPADA DEL AMOR no te dejará sin tu merecido.

Y que si siembras felicidad, felicidad recibirás.

Siembra felicidad y buenas características en tu personalidad.

Rechaza de plano cualquier sugestión negativa que te sea lanzada.

Hay personas que, por tener el ojo sucio, todo lo ven sucio y malo.

Con sus *palabras* siembran negrura y malas sugestiones acerca de los demás, de la situación mundial, del futuro, de todo.

Quienes les prestan atención quedan envenenados. Cuídate.

Envíales Amor, aunque no quieran siquiera estrechar tu mano. (Así te proteges.)

Aprende a comunicarte con tu Mago Interior para que te ayude en todo.

El Mago Interior no comprende simplemente con palabras, *sino con palabras e imágenes mentales revestidas de FUERZA, VIBRACION, ENERGIA.*

Por eso, poca filosofía y mucha vibración.

Puedes imaginar un círculo de Angeles de Dios protegiendo tu casa en todo momento. Con tus palabras se hará real.

Puedes imaginar una cúpula de Luz Impenetrable, de blanco vibrante, sobre tu casa. Tus palabras le darán la materialidad necesaria.

En la medida de tu CERTEZA te protegerá.

En la medida que la "actives" con tus Poderes Divinos irá ganando más y más FUERZA.

Lo que la mente imagina y crea *se hace real en otros planos*, en los mismos planos en donde actúan las FUERZAS. *Con la Palabra se "precipitan".*

Pon a cada familiar tuyo un Blanco Guardián revestido de una Espada de Luz, un Gigante invisible, pero real.

El estará hecho de la misma "sustancia" de las entidades negativas, pero en el polo opuesto.

El es una Entidad positiva que tú creaste.

En la medida que la actives con tu fe y con tu Amor, vivirá.

La entidad negativa que pretenda traspasar la cúpula de Luz o la cadena de Angeles de Dios recibirá una descarga MORTAL.

Crea un Médico Blanco para que sane a quien tú desees.

Pero no olvides tratarlo con Amor.

Crea un Amigo Detector de Riqueza, de color dorado.

Es por eso que el Mago, al irse a la cama comienza su trabajo más intenso.

No dudes de ninguna de estas cosas, porque hoy en día hasta la ciencia descubrió a la Fuerza Psicotrónica.

Y protégete, porque ya se ha comenzado a construir la "bomba psicotrónica"... mientras tú todavía dudas de estas cosas.

Constrúyete un "pararrayos" blanco que devuelve a su origen toda fuerza mental negativa que te sea enviada.

Hoy en día, con tanta gente que practica este tipo de cosas por el lado Blanco, practicar la brujería es un pasaporte directo a la desgracia...

Limpia tus negocios y tu casa con una "esponja mágica" que la recorra y la deje impecable, radiante, llena de Dios.

Haz que la ducha de tu casa sea una "Ducha de Salud", "Oro" o "Juventud".

Y verás que cada baño tuyo resulta "milagroso".

También puedes darte duchas de "Belleza" y de "Amor".

Anda a visitar otros lugares en la noche, pero ve dentro de una Burbuja Impenetrable.

Es sólo CERTEZA lo que necesitas.

No te dejes atraer por nada sucio. Cuidado, estas cosas no son juego.

Recuerda que tú eres un miembro de la Hermandad Blanca.

Cuando sanes enfermos, de cuerpo o mente, *protégete dentro de tu Burbuja Impenetrable.*

Los enfermos del alma tienen sugestiones negras. Retíraselas, pero no olvides protegerte.

Retíraselas poco a poco, con delicadeza y cuidado, de a una por una.

Trabaja con mucho Amor, con ternura.

Tú ya sabes mucho; ellos no están a tu nivel. Trátalos como a niños.

Averigua cómo ven ellos sus problemas, para que puedas hablarles en su "lenguaje", a su nivel.

La Afirmación es una forma de comunicación con el Dios Interior, con los niveles superiores de tu castillo, con el Mago Interior.

Mediante la *Afirmación, tu parte inconsciente se hace consciente de tus deseos y ORDENES*, pero siempre que hagas las cosas como se debe.

En primer lugar, debes llevar tu mente a un nivel de calma y profundidad; en segundo lugar, debes *visualizar* lo que AFIRMAS.

Puedes comenzar tus días con *Afirmaciones* como: "Hoy me irá bien todo; conseguiré aquello que necesito, activaré mi Poder Creador para atraer mi deseo", y si en tu mente VISUALIZAS lo que dices y pones FUERZAS, entonces *tu Mago Interior comprenderá y actuará de acuerdo a esas ORDENES*.

Esto es una Herramienta Maravillosa. Utilízala de acuerdo a tu necesidad particular.

Aquí tienes algunas sugerencias:

"Mi Poder Creador se activa, se activa; comienzo a llenarme de Fuerzas Luminosas que realizan lo que yo ordeno".

"Ese órgano mío enfermo comienza a recibir Fuerzas Sanadoras, lo siento activarse, revivir, fortalecerse; veo a la enfermedad disolviéndose, volviéndose nada".

"No temo al éxito, porque soy Dios en Acción, y todo lo que Dios hace es siempre algo extraordinario".

"Esa persona que siempre he soñado está en algún lugar, ahora comenzamos a estar en contacto y a acercarnos, atraídos por la Poderosa Fuerza del Amor. Nada puede impedir que muy pronto nos encontremos".

"Cuando csté en la entrevista para ese empleo me bastará con ser yo mismo para que la otra persona capte que soy alguien muy especial, valioso y que atraigo la 'Buena Suerte'".

"Esa persona que está irritada comienza a ser inundada por la Fuerza de Amor y Paz que le envío, la veo calmarse, calmarse".

"Inundo la Tierra de Amor, veo cómo las vibraciones de paz que salen de mi corazón llegan a toda la humanidad y la sanan".

No puedo darte una cátedra sobre cada tema. Este libro no debe ser extenso.

En cada frase te señalo *el punto de partida* para que tú mismo comiences a introducirte en esas prácticas.

Utiliza la *Analogía, la Imaginación y la Deducción*.

Recordando siempre que tú eres el Dios de tu mundo personal.

Eres libre. No te preguntes demasiado acerca de "la verdadera forma de hacer las cosas".

No existe una "forma verdadera" única. (El universo es muy flexible y "obediente"...)

Cada Mago utiliza su propio sistema.

Si te basas en el Amor y tienes CERTEZA, todo funcionará maravillosamente.

Pero no pidas huevos a un cerdo. No pidas felicidad si haces daño, porque la Ley del Amor y la de causa y efecto jamás pasarán.

Tampoco olvides que las cosas no se hacen solas; *tienes que actuar.*

Todo es vibración. Si tú no emites las vibraciones adecuadas, no sucederá nada, y si no das ciertos pasos concretos, tampoco.

Si tú pudieras ver las "oleadas vibracionales" del Mago, comprenderías mejor las cosas.

Puedes verlas, no sólo las del Mago, porque toda la gente está emitiendo ondas.

Entorna un poco los ojos y enfoca tu vista *más allá* de la persona que miras, calma tus pensamientos y observa...

¿Has visto el "humito" que se eleva de la cabeza de la gente?

Un poco después de la puesta del sol observa contra el cielo a una persona que pase...

Más adelante podrás distinguir los colores en el aura de la gente.

Cada color es una vibración que emite una Energía distinta.

Utiliza la Analogía, observa la naturaleza.

Toda vibración tiene dos polos, negativo y positivo.

Azul, el color del mar y del cielo. Fuerza y equilibrio, pero cuando el mar o el cielo desencadenan sus fuerzas...

Dorado o amarillo, el color del sol y del oro, la Luz, el Conocimiento, la nobleza, pero exceso de nobleza produce arrogancia y vanidad.

Rojo, la sangre, la pasión, la vitalidad, pero también la lujuria y la violencia.

Rosado, femenino por excelencia, ternura, cierta forma de Amor, pero en exceso debilita las energías viriles.

Blanco, las nubes, la nieve, pureza, protección, pero la nieve suele ser un tanto fría...

Verde, la vegetación, las plantas, la vida natural y la salud. En su aspecto negativo oculta envidia y traición (al Dios Interior).

Hay un hermoso color que aparece en el cielo del amanecer y del ocaso, un color entre dorado y rosa. Predispone a la devoción mística, a la comunión con Dios, pero en exceso, al fanatismo religioso.

Con ese color podrás sanar los males del alma.

¿Quieres cargarte de él? Llénate de su Energía en el amanecer o el ocaso. Respira imaginando que llenas tu cuerpo y alma de él.

Un poco después del alba y del ocaso el cielo se vuelve violeta. Ese color limpia y purifica, eleva la frecuencia vibracional.

Si quieres "quemar" las entidades astrales negativas de un lugar, imagina un "incendio" de llamas color violeta. Ningún demonio lo resiste, excepto uno...

Si quieres purificarte, báñate de Luz Violeta, pero cuidado con quedar "tan limpio" que mires por sobre el hombro a quienes aparentemente no lo están...

El demonio de la "vanidad espiritual" sólo se vence con *Amor del verdadero.*

Negro, la noche, ausencia de luz *visible*. Frugalidad, respeto, moderación, humildad y muerte del ego. Favorece el encuentro con la Luz Interior. En su aspecto negativo, tristeza y pesimismo.

Como el negro absorbe todo tipo de vibraciones, vestir de ese color no es recomendable para quienes no cuentan con la CERTEZA de la protección interior.

PORQUE LA FUERZA DE LOS COLORES ES MENOR QUE LA DE LA CERTEZA.

El Dios Interior es el Señor de todos los colores; es la FUENTE de todos ellos.

Los colores te sirven como apoyos, pero un ciego que no haya visto jamás un color, si tiene CERTEZA, logrará lo que quiere.

El principiante necesita apoyos. Observa la naturaleza y por Analogía descubrirás para qué sirve cada color; su aspecto positivo y su aspecto negativo.

Así sabrás qué oculta el *AURA* de las personas...

Dios está en ti. Como te dije antes, en cierta forma eres tú mismo.

Pero ¡CUIDADO!

Vigila que no tome tu naturaleza inferior esa verdad y te olvides de Dios.

Si estás en tu Conciencia Divina, no hay problema, porque allí es Dios quien se manifiesta a través de ti.

Pero si no estás en tu Conciencia Divina, entonces *dirígete con Amor a tu Creador.*

Agradécele por todo lo que te brinda y te ha brindado.

Sobre todo, agradécele por lo que te brindará, porque permitirá que tú realices tus anhelos.

Si agradeces de antemano, eso indica que *has dado por hecho* lo que deseas.

Y si lo has dado por hecho, ¡sea!

Entonces, vive feliz.

206

Si vives feliz, eso indica que tienes CERTEZA del maravilloso regalo que es la vida, el Amor y la Magia.

¿Cómo podrías no vivir feliz, si Dios te permite que tu vida sea *como tú quieres*?

Si no vives feliz, eso es señal de DUDA.

No crees ni una milésima de lo que aquí se te dice y de lo que se te ha dicho siempre acerca de estas cosas.

Si no eres feliz es porque *tu* Dios no es bueno.

Te diré algo:

La Felicidad es una ENERGIA.

Tú la tienes dentro de ti. Para liberarla *no necesitas siquiera la realización de tus deseos...*

Es cierto que tienes que realizar ciertas cosas, pero, ¿por qué no las das por hechas? ¿Por qué esperar que estén hechas para ser feliz?

Lamentablemente, este tipo de Magia, la Magia Blanca, *sólo funciona cuando el corazón está feliz...*

Si el corazón no está feliz es porque la mente cree que la Magia no funciona...

En ese caso, naturalmente que no funciona.

Si la mente cree de verdad que la Magia funciona, el corazón tiene que estar feliz.

Entonces la Magia funciona...

¡Estás atrapado, amigo!

Si quieres realizar tus deseos para ser feliz, vas mal.
Primero sé feliz. Sólo así podrás realizar tus deseos...

Porque la Magia Blanca es el fruto de la felicidad que
brinda el Amor.

La ENERGIA de la Felicidad es la más poderosa del
mundo.

Porque *la Felicidad es el Amor en su más elevada
vibración.*

Tercera Cámara Secreta

Veremos hasta dónde eres capaz de llegar, porque este libro es diferente en cada mundo personal...

Todo lo que has recibido es sólo la teoría.

Se te ha indicado la síntesis del "cómo funciona".

La práctica debes hacerla tú mismo.

Se te han entreabierto puertas. Tú debes terminar de abrirlas e internarte por las que te acerquen a tus sueños más hermosos.

Poco a poco irás descubriendo más y más secretos.

Obsérvate constantemente, así descubrirás de qué zonas de tu cuerpo provienen las diferentes Energías.

La "Ciudad de las siete colinas" es tu cuerpo...

De siete zonas tuyas se emiten siete vibraciones distintas.

Observa tus gestos, ellos denotan la clase de Energías que estás emitiendo.

Descubre las hermosas dimensiones que encierra la *RESPIRACION*.

Todas tus Energías son el FUEGO.

Tu RESPIRACION es el FUELLE que las aviva...

Muchas cosas FUNDAMENTALES descubrirás con esa pista.

Si resultas buen alumno encontrarás tú mismo el Camino hacia los Templos e Iniciaciones del mundo etérico.

Todo lo cual, *no está en el plano material*.

No olvides activar constantemente tus siete deseos básicos.

No temas modificar algunos cuando descubras que no eran lo que REALMENTE querías.

A quien mucho tiene, mucho le será exigido.

Si tu Conocimiento acerca de estas cosas no es muy grande, no se te exigirá mucho a cambio.

Si los deseos de tu corazón no son una gran ayuda para la humanidad, pero si son los que REALMENTE tú quieres, entonces son Voluntad Divina.

Aunque es más bien extraño que Dios quiera algo que no sea un bien para muchos, porque El es Amor...

El Verdadero Mago entrega su vida a servir a Dios; otros entregan sólo un diezmo, pero la mayoría no entrega nada.

Es por eso que por el camino de la mayoría no hay Magia ni Felicidad.

Si tus deseos no ayudan a la humanidad, pero tampoco le hacen daño, realízalos, *pero colabora también con aquellos que sí sirven a la humanidad*; porque en la vida, *para recibir hay que dar*.

Si ese es tu caso, aquí termina para ti esta Escuela.

Ahora continuará en otros planos y de acuerdo a tus prácticas, pero ya no sigas leyendo, porque lo que viene es para quienes están más avanzados. *A ellos se les exigirá más entrega que a ti.*

Ha sido un gusto haber podido darte algunas lecciones, hermana o hermano Aprendiz. Hasta pronto.

¡PROHIBIDO LEER MAS ALLA DE ESTA LINEA!

Porque si continúas leyendo, lo que viene te perjudicará, en lugar de favorecerte.

Esto es para ti, que estás más avanzado en estos Caminos.

Usted, jovencito, sabe que no puede pedir cosas tales como vacaciones en lugares frecuentados por el Jet Set...

Porque las cosas de Dios pueden brindarte confort, belleza y Libertad, pero *no son para financiar LUJOS ni "MARCAS DE MODA"*. Eso es simple hipnosis.

211

Además, usted, por estar más grandecito *está REALMENTE al servicio de la humanidad*, ¿verdad?

¿O no?

Los niños de tu humanidad están siendo programados para la violencia.

Cada vez que se sientan frente al televisor ven unos diez o veinte homicidios.

En sus dibujos animados presencian sin inmutarse cómo destruir mundos completos es tan sencillo como tomarse el yogurt de moda.

Sus juguetes son remedos de las maquinarias destructivas más infernales.

Se habitúan día a día al hecho tan común de ver matar a varias personas para obtener un millón de dólares.

Sus héroes manejan armas químicas y arsenales portátiles.

O pueden decapitar al prójimo de un solo golpe.

¿Qué clase de futuro puede esperarse de esa siembra?

¿Qué haces tú al respecto?

¿Tratar de encontrar la fórmula de la transmutación?

¿Para servir a la humanidad?

Eso es bastante difícil de creer...

Tú estás más grandecito.

212

Y sabes que si aprendes a fabricar oro, podrías volverte loquito financiándote cosas que te llevarán al "infierno".

Sabes que es mejor para ti no obtener ese Poder, no todavía.

Es cierto que debes ser probado con el Poder en tus manos, pero si sabes que vas a perder la batalla, *tú mismo te proteges y te niegas la CERTEZA que se necesitaría*.

No es *para ti* que "no se pueda", sino que *"no se debe"*. No para ti.

Si tu brazo derecho te hará caer, es mejor que te lo cortes.

Tú mismo te cortas el acceso a ciertas cosas.

Sin embargo, debes luchar por obtener una cuota cada vez mayor de Libertad.

Para conciliar el "sí se puede" con el "no se debe" estás en esta Escuela.

Si tú te dedicas de corazón a servir a la humanidad, como juraste, difícilmente se te negará algo.

Porque desde el fondo de ti mismo, tú sabes si quieres el Poder para servir o para tonterías.

Y desde estos Planos te conocemos mejor que tú mismo.

Dios quiere que obtengas todo lo que desees.

Pero evitará darte aquello que pueda hacerte daño.

Tú mismo lo evitas, porque ya estás más grandecito.

Tal vez, ya viviste lo que es tener el *Poder sin Conciencia* y ya te aburriste de dejar desastres para ti y para los demás.

Por eso, ahora buscas más la Conciencia que el Poder.

El hecho de saber que la humanidad depende de tu avance puede haberte confundido.

Puedes pensar que basta con ocuparte de ti mismo.

Basta con ser cada vez mejor, evolucionar y superarse.

Así es, pero, ¿qué significa ser mejor, evolucionar y superarse?

¿Amar a cada vez más?

Justamente, pero, *¿cómo se PRUEBA el Amor?*

¿Con abrazos, sonrisitas y palmaditas?

¿Con limosnitas?

¿Absteniéndose de impurezas?

¿No diciendo palabrotas?

¿Llenándose de energías doradas y rosas?

Todo eso está muy bien, pero si no lo completas con *algo más*, tanta "pureza" puede hacerte reventar de orgullo espiritual y mojigatería.

Todo eso es nada si en tus manos no hay frutos buenos, OBRAS.

Por tus *obras* te conocerán.

Las caritas de oveja son falsedad si no hay OBRAS.

Mejor sería que te confundieran con un lobo, *pero que tuvieras OBRAS*.

¿Qué tipo de obras?

Tu humanidad va directo al precipicio, y tú, sólo ocupado de ti.

Los límites de "ti mismo" no logran extenderse más allá de tu piel...

La naturaleza está siendo destruida, y tú no mueves un dedo.

Es cierto que si tú cambias, tu mundo cambiará.

Pero la mejor manera de demostrar tu cambio es *con tu servicio a la humanidad*.

Si tú cambias, la humanidad cambia.

Pero si no sirves a la humanidad, NO HAS CAMBIADO...

¡ATRAPADO NUEVAMENTE!...

(Difícilmente algún Aprendiz no habrá pasado por aquí, porque basta con prohibir algo para que eso se transforme en un nuevo deseo... en la tercera dimensión de conciencia.)

Si tú eres el Dios de tu mundo personal, *ocúpate de tu mundo personal, actúa, trabaja o ayuda a quienes sí trabajan.*

Tu Divinidad sobre tu mundo será tan grande como tu grado de RESPONSABILIDAD sobre tu mundo personal.

Si tu mundo personal se reduce sólo a ti mismo, tu cuota de Divinidad abarca bastante poco.

Si tú no eres los niños de tu mundo personal...

Si no eres el mar y los ríos contaminados...

Si quieres encontrar el "ramal" que te llevará al encuentro con un mundo mejor, *colabora en la siembra de un mundo mejor.*

Para encontrarte con un mundo en paz, *colabora en la pacificación de tu mundo personal.*

No se trata de "Grandes Cruzadas", sino de que lleves la Luz que ya tienes hacia donde está la oscuridad.

Donde hay violencia, lleva paz.

Donde hay odio, lleva Amor.

Donde hay temor, lleva fe.

Donde hay ignorancia, lleva Conocimiento.

Donde hay hambre, lleva un pan, pero también una herramienta de trabajo.

No trates de imponer tus verdades ni de "convertir" a quienes no piensan como tú.

Nada es más molesto que *te obliguen a "ser salvo".*

Si no les haces caso, ruegan a Dios que te destruya…

Deja vivir en paz a quienes no están interesados en "tu sistema".

Los Caminos a Dios son muchos y muy extraños.

Deja vivir en paz incluso a quienes, según tú, van por mal camino.

No es con más violencia que la violencia se supera.

Más bien, predica con tu ejemplo y muestra tus OBRAS.

Si alguien sufre y te quiere escuchar, enséñale que puede dejar de sufrir, pero si tú mismo no lo haces…

Si predicas la Paz, no importa que fumes, pero si predicas la vida natural…

Procura no ser "el ojo acusador" de los demás y mírate un poco tú mismo.

Otra vez: los Caminos a Dios son muchos y muy extraños.

Enséñales a los niños cómo podrían llegar a un mundo sin guerras.

Pero elimina de ti la violencia antes de enseñar acerca de la paz.

Elimina de ti el odio antes de hablar de Amor.

No manches la palabra Amor con los labios de la violencia.

Y si alguna vez lo has hecho, perdónate y no lo hagas más.

Y si has visto hacerlo, perdona y no hagas lo mismo.

Toda la existencia es la Escuela del Amor.

En la "Cátedra del Amor", *todos somos principiantes,
TODOS.*

Siempre el Amor nos será demasiado grande.

Porque el Amor es Dios.

Enseña estas cosas a los niños.

Recuérdales sus Poderes Divinos.

Guíalos hacia la Paz.

Despiértalos al Amor.

Ellos te lo agradecerán.

Y así, con esas OBRAS, tu Mago Interior comenzará a
obedecerte.

Porque tú comenzarás a creer en ti.

Entonces no te negarás más los deseos de tu corazón.

Y tu mundo cambiará.

Encontrarás el Templo Etérico.

El Conocimiento más oculto y el Poder más asombroso.

Y el Maravilloso Universo de la Magia.

REGALO SUPREMO DEL DIOS AMOR.

Despedida de la Tercera Cámara

Bien, hermana o hermano. Hemos avanzado un buen trecho desde que pensabas que "el destino" estaba ya trazado y que nadie podía intervenir en "los Planes de Dios", quien estaba "allá arriba".

Ahora sabes que "los Planes de Dios" no son más que llevarte a ti y a tu mundo hacia la Felicidad y la Libertad. Esos son *tus* Planes.

Ahora sabes que "el destino" es algo que tú mismo eliges.

Las líneas de tus manos pueden cambiar, aparecer nuevas y desaparecer otras.

Las cartas astrológicas pueden ser interpretadas de muchas maneras.

Con los naipes ocurre lo mismo.

Cuidado con las sugestiones negativas de algunos "videntes".

Cuidado con las negras profecías de negros "profetas".

Si confías en el Amor verás cómo ellos desaparecen de tu mundo personal o les ocurren calamidades más negras que ellos mismos.

Tú tienes "Buena Estrella".

En caso contrario, no estaría este libro en tus manos.

No es broma. Si no hubieras dado ciertos pasos previos, no hubieras podido encontrarte con este libro.

Todo aquel que le vaticine la muerte a alguien *está tratando de matarlo en su mundo personal...*

No es ya un secreto que la verdadera lucha por el control del mundo no está en el control de las armas, sino de las mentes.

(De TU mente...)

Ya no se ignora que la herramienta más poderosa en la lucha por el dominio de las mentes *se llama SUGESTION.*

¿Te parece un secreto terrible?

Lo es, pero ya salió de los ocultos recintos de la Magia.

Ahora se estudia en las universidades de todo el mundo.

¿En parapsicología? Error.

En *Publicidad y Marketing...*

Hay publicistas que trabajan para el lado Blanco o negro, dependiendo de si utilizan su Conocimiento y Poder para vender basuras o para mejorar tu mundo interno o externo.

Algunas reuniones de ejecutivos son verdaderos *aquelarres*...

Ya trabajan con el Pensamiento Positivo, la plasmación de lo imaginado, la Meditación y hasta con la "clave del Amor"...

"Grandes Vendedores" la utilizan, pero si sus mercancías son basura o no las necesitas, no te aman, te ponen caritas, trafican con falso amor.

Tú sabrás, amigo publicista, fabricante o vendedor.

Ve si contribuyes a mejorar o a estropear tu mundo.

Es inevitable que algunos elijan un latigazo; otros, un palacio.

Tú sabrás, tú y la Ley Universal del Amor, rectora de la Ley de causa y efecto. Eres libre para elegir un latigazo o un palacio. Allá tú.

Una recomendación, hermano Aprendiz.

No tengas más de cuarenta días en tu poder el papel con tus deseos.

Luego de ese plazo, quémalo. Recuerda que aquí trabajamos con objetos materiales sólo al principio. Además, es prudente evitar la intromisión de energías mentales *ajenas*.

Ahora vas a ingresar a los recintos más ocultos de este Templo, allí donde se manejan secretos que ni los mismos publicistas conocen...

Porque la mente "tercera" no puede comprenderlos (sólo por eso se les escapan).

Si te aceptan en el Cuarto Umbral, nos veremos allí *físicamente*... si no te aceptan, continuaré guiándote *internamente*.

Detrás de ti está tu Guía (siempre está cerca de ti)...

Que tengas muy "buena suerte".

Pasillo hacia el Cuarto Umbral

Un abrazo, hermana o hermano, te felicito.

¿Por qué? Porque el hecho de haber llegado hasta aquí te convierte en una Iniciada o Iniciado...

Claro, ya no estás al nivel de la gente "de la calle".

Has sido iniciado en el Conocimiento más rechazado.

A la mayoría le interesa el fútbol, la política, los negocios, la moda y esas cosas.

Al Mago no le interesa la política, ¿sabes por qué?

Porque en su mundo personal siempre gana el candidato que él quiere que gane...

Sus negocios funcionan como él desea.

Además, siempre sale campeón el equipo que le gustaba antes de pasar a la cuarta dimensión de conciencia. (A veces quedan restos de sugestiones masivas que él había aceptado tiempo atrás...)

Si le gusta vestir de cierta forma, esa forma se pone de moda en su mundo personal...

Es muy entretenido este universo, ya lo verás.

Bien, vamos al Cuarto Umbral. Allí la puerta está siempre abierta, pero son tan pocos los que pueden ingresar...

Vamos, pasa. Agacha la cabeza ante esta pequeña entrada...

Cüarto Umbral

¡ALTO AHI!

(¡Cuidado! No des un paso más, o la Espada del Guardián que está puesta contra tu pecho te atravesará.)

(¿Ves esos antiguos cadáveres atravesados en esas altas picas? No te asustes. Ellos intentaron avanzar más allá de lo debido. No conciliaron bien el "sí se puede" con el "no se debe".)

(Todo "se puede", incluso matar, pero hay también un "no se debe"...)

¡QUIEN VA!

—¡Es un Hermano Iniciado que quiere avanzar hasta los recintos más secretos de este Templo!

¡SI ES UN VERDADERO INICIADO DEBERIA PODER LLEGAR AQUI SIN ESE CUERPO MATERIAL!

(Tiene razón. Trata entonces de ingresar con un cuerpo más sutil; sólo así la Espada no te atravesará.)

¡AQUI NO SE INGRESA EN ESA BAJA DIMENSION DE CONCIENCIA!

(Claro, este es un Templo Etérico. ¿Puedes pasar a "cuarta"?)

¡AQUI NO SE INGRESA SIN OBRAS EN LAS MANOS!

(Vamos mal, parece que todavía no tienes grandes obras de servicio a la humanidad. Bueno, nadie es perfecto, pero alguna vez las tendrás. Tú decidirás cuándo. Entonces podrás traspasar este Umbral.)

¡AQUI SOLO PUEDEN INGRESAR LOS VERDADEROS SERVIDORES DE LA HUMANIDAD!

(Bien, tu libro sólo llega hasta aquí, hermana o hermano. Para otros es mucho más largo, en otros mundos personales...)

(Volvamos atrás antes de que el Guardián del Templo nos lo ordene, lo cual sería una vergüenza. Vamos.)

(Como yo vivo más allá del tiempo, yo te he visto traspasar este Umbral.)

(Procura que tu conciencia pueda llegar hasta más allá del tiem...

¡¡¡¡VUELVE ATRAS, A TRABAJAR!!!!

Indice

Prólogo 5

Portal del Templo 9

Primer Umbral 17

Pasillo hacia los Siete Claustros 19

Primer Claustro 21

Segundo Claustro 27

Tercer Claustro 33

Cuarto Claustro 39

Quinto Claustro 45

Sexto Claustro 51

Séptimo Claustro 57

Pasillo hacia el Segundo Umbral 63

Segundo Umbral 65

Santuario del Templo 73

Primera Lección 79

Segunda Lección 91

Tercera Lección 105

Cuarta Lección 119

Quinta Lección 131

Sexta Lección... 145

Séptima Lección 157

Pasillo hacia el Tercer Umbral 169

Tercer Umbral 175

Primera Cámara Secreta 179

Segunda Cámara Secreta... 191

Tercera Cámara Secreta.. 209

Despedida de la Tercera Cámara 219

Pasillo hacia el Cuarto Umbral................................. 223

Cuarto Umbral 225

OTRAS OBRAS DEL AUTOR

AMI Y PERLITA

Un día, y de la misma forma súbita en que llegó la inspiración para "Ami", surgió "Ami y Perlita". Esta obra procura dejar en el alma de los niños el mismo ideal que nutre toda la producción de Enrique Barrios, esto es, un mundo de paz, en justicia y en amor. De esta forma los más pequeños disponen a la medida de su comprensión de la riqueza espiritual de "Ami".

CUENTOS DE AMOR, ESTRELLAS Y ALMAS GEMELAS

La nostalgia por la ausencia, el predestinado encuentro, el humor y la fantasía se mezclan aquí con el sueño de fraternidad terrestre y cósmica al que siempre apunta la pluma sencilla, pero de alto vuelo, de Enrique Barrios. Distancias siderales; espacio y tiempo; la fuerza del amor; de todo ello disfrutaremos en once cuentos nacidos de una inspirada imaginación.

OTRAS OBRAS DEL SELLO EDITORIAL

CUENTOS INFANTILES

Ami y Perlita - *Enrique Barrios*
Gota de Luz - *Gislaine María D'Assumção*

Colección Valores Humanos

Un Rayito de Luz en la Ventana - *Ernesto Spezzafune*
El Día que el Sol no Quiso Irse a Dormir - *Ernesto Spezzafune*
Mi Primer Lápiz - *Ernesto Spezzafune*
Gotina. "Solo Siendo Río se Puede Alcanzar el Mar" - *Ernesto Spezzafune*
La Ciudad de la Suavidad - *Esther Inés Loeffel de Manjon*
El Arbol del Tronco Inclinado - *Eugenia Calny*
Que Sueñes con los Angelitos - *Ernesto Spezzafune*
Los Bichitos del Arroyo - *Ernesto Spezzafune*

CUENTOS PARA COLOREAR EN VALORES HUMANOS
Colección Pintasueños

Serie Grande
Un Viaje en Globo - *Ernesto Spezzafune*
La Ranita del Violín - *Ernesto Spezzafune*
Un Castillito en el Cielo - *Ernesto Spezzafune*
Mensaje a los Piratas - *Ernesto Spezzafune*
El Tren a las Nubes - *Ernesto Spezzafune*
Magia en el Jardín - *Ernesto Spezzafune*
La Torta de Cumple - *Ernesto Spezzafune*
La Calesita - *Ernesto Spezzafune*
Mi Amigo el Robot - *Ernesto Spezzafune*
Las Casitas Felices - *Ernesto Spezzafune*
Viajando con Ami - *Ernesto Spezzafune*

OTRAS OBRAS DEL SELLO EDITORIAL

Serie Mediana

La Banda de Tamborín - *Ernesto Spezzafune*

El Aeroplano Juguetón - *Ernesto Spezzafune*

Mi Muñeca Patilarga - *Ernesto Spezzafune*

La Selva Encantada - *Ernesto Spezzafune*

Un Día de Vacaciones - *Ernesto Spezzafune*

El Reloj Despertador - *Ernesto Spezzafune*

El Partido de Fútbol - *Ernesto Spezzafune*

La Granja de la Alegría - *Ernesto Spezzafune*

Una Visita al Bosque - *Ernesto Spezzafune*

Ami y el Amor - *Ernesto Spezzafune*

Serie Chica

Mi Barquito de Juguete - *Ernesto Spezzafune*

El Taller de mi Papá - *Ernesto Spezzafune*

Un Día de Juegos - *Ernesto Spezzafune*

Juguemos a Armar - *Ernesto Spezzafune*

Los Autitos Mimosos - *Ernesto Spezzafune*

La Selva Feliz - *Ernesto Spezzafune*

Una Vuelta en Calesita - *Ernesto Spezzafune*

El Tren de Fantasía - *Ernesto Spezzafune*

Mi Muñeca Preferida - *Ernesto Spezzafune*

Encuentro con Ami - *Ernesto Spezzafune*

Colección Pintando con Amor

Florita, La Mariposa

Berilo y sus Amiguitos

Una Función de Circo

HISTORIETAS

Berilo Nº 1 - *Briet*

Berilo Nº 2 - *Briet*

OTRAS OBRAS DEL SELLO EDITORIAL

NARRATIVA

Ami - El Niño de las Estrellas - *Enrique Barrios*

Ami Regresa - *Enrique Barrios*

Cuentos de Amor, Estrellas y Almas Gemelas - *Enrique Barrios*

Y... El Anciano Habló - *Antón Ponce de León Paiva*

Maravilla - *Enrique Barrios*

ENSAYOS

El Morir Consciente - *Dr. Benito F. Reyes*

Espiritualidad y Ciencia - *Grupo de Estudio - Varios*

Charlas Sobre Meditación - *Dr. Benito F. Reyes*

Evidencia Científica de la Existencia del Alma - *Dr. Benito F. Reyes*

Nacimiento Renacido - *Michel Odent*

RELACIONES HUMANAS

Aprenda a Hablar en Público - *Víctor Hugo Alvarez Chávez*

Técnicas para Escribir, Leer y Estudiar - *Víctor Hugo Alvarez Chávez*

TESTIMONIALES

Dios me Habló - *Eileen Caddy*

La Biblia y el Mensaje a los Hombres de la "Nueva Tierra" - *Asociación "Acción y Vida"*

La Palabra Viva - *Eileen Caddy*

Huellas en el Camino - *Eileen Caddy*

Todo es Luz - *Sir George Trevelyan - Dr. Benito F. Reyes - Antony Ellens Moffaj - Dr. John S. Hislop*

Mensajes de Dios de Amor y Esperanza - *Alberto Vasconcelos*

Swami - Un Camino de Amor - *Graciela Busto*

...Y el Dolor nos Dio sus Frutos - *Susana Galperín de Farba*

Comunicación con los Angeles y los Devas - *Dorothy Maclean*

OTRAS OBRAS DEL SELLO EDITORIAL

ESPIRITUALIDAD

El Maravilloso Universo de la Magia - *Enrique Barrios*
Mensaje Acuariano - *Enrique Barrios*
La Madre Divina - *Jyotish Chandra Ray*
Servidores de la Luz - *Rhea Powers*
Cimientos de Findhorn - *Eileen Caddy*
Abriendo las Puertas de tu Interior - *Eileen Caddy*

FILOSOFIA

La Supremacía de Dios - *Ilon Lawson*

ORIENTALISMO

Manual de Meditación - Cibernética de la Conciencia - *Dr. Benito F. Reyes*
Energía y Autocuración - Técnicas Chinas para la Salud - *Tung Kuo Tsao, Carlos Bazterrica, Ricardo Bisignani*
Medicina Tradicional China - *Mario Schwarz*
Manual Práctico Budista - *Samuel Wolpin*

PSICOLOGIA

Cortando los Lazos que Atan - *Phyllis Krystal*

ALIMENTACION

Cocina Natural - *Angela B. Bianculli de Rodríguez*
Alimentación Natural y Salud - *Angela B. Bianculli de Rodríguez*
Nuestro Pan - *Angela B. Bianculli de Rodríguez*
Delicias de la Alimentación Natural - *Carmen Burini*

POESIA

Charlando Poesía - *Grazia*
A la Luz de la Luz - *Claudia Padula*
Esencia - *Marta Alicia Gangeme*

OTRAS OBRAS DEL SELLO EDITORIAL

INTRODUCCION
A SAI BABA (Testimoniales)

Sai Baba, el Hombre Milagroso - *Howard Murphet*

Sai Baba Avatar - Un Nuevo Viaje hacia el Poder y la Gloria - *Howard Murphet*

Sai Baba y el Psiquiatra - *Dr. Samuel H. Sandweiss*

Divinas Oportunidades - *Howard Levin*

Sai Baba, Invitación a la Gloria - *Howard Murphet*

Mi Baba y Yo - *Dr. John S. Hislop*

Una Historia de Dios como Hombre - *M. N. Rao*

ACERCA DE SAI BABA (Testimoniales)

Conversaciones con Bhagavan Sri Sathya Sai Baba - *Dr. John S. Hislop*

De Sai hacia Sai - *M. V. N. Murthy*

Mensajes de Sai para Ti y para Mí - Vol. 1 y 2 - *Lucas Ralli*

Mi Bienamado - *Charles Penn*

¿Quién es un Devoto del Señor? - *M. V. N. Murthy*

Easwaramma "La Madre Elegida" - *N. Kasturi*

Sathyam, Shivam, Sundaram - Vol. 1 - *N. Kasturi*

Sai Baba, La Experiencia Suprema - *Phyllis Krystal*

La Vida es un Juego, ¡Juégalo! - *Joy Thomas*

OBRAS DE SAI BABA (Enseñanzas)

Enseñanzas de Sai Baba

La Verdad, ¿Qué es la Verdad?

Torrente de Virtud

El Gita

El Sendero Interior, Sadhana

El Bhagavata (Conocimiento Védico Devocional)

Diálogos con Sai Baba

Divinas Palabras - Vol. 1 y 2

OTRAS OBRAS DEL SELLO EDITORIAL

Meditación en la Luz
Recopilación de los Mensajes de Sathya Sai
Mensajes de Sathya Sai - Vol. 1 a 11
Gotas de Luz - Vol. 1 a 3
Bharat (El Legado Hindú)
Directivas Espirituales
Ramakatha - 1ª Parte

SERIE VAHINI

Sobre el Amor (Prema Yoga)
Sobre la Meditación (Dhyana Yoga)
La Sabiduría Suprema (Vidya Vahini)
La Senda del Conocimiento (Jñana Vahini)
La Paz Suprema (Prashanti Vahini)
Prasnotara (Preguntas y Respuestas) (Prasnotara Vahini)
El Yoga de la Acción Correcta (Dharma Vahini)
La Senda de la Verdad (Sathya Vahini)

SERIE CURSOS DE VERANO

Cursos de Verano - Vol. 1 a 6
Rosas de Verano en las Montañas Azules

EDUCACION EN VALORES HUMANOS

Nosotros, Nuestro Rol y la Perfección Humana
Enseñando Valores Humanos
Límite a los Deseos - *Phyllis Krystal*
Educación Sathya Sai en Valores Humanos - *Sai Baba*
Programa Sathya Sai de Educación en Valores Humanos